마음에 쓰다

지혜의 말 필사책

마음에 쓰다

지혜의 말 필사책

스리 오로빈도 엮음 · **루미** 옮김

The Eternal Wisdom

스토리두잉

서문

지혜의 노래

지혜의 문을 열고 깨우친 사람은 더없이 행복하다. 지혜로 사는 삶은 은이나 순금을 팔아 얻는 이익에 비할 수 없다. 지혜는 루비보다 천만 배 귀하고 인간이 꿈꿀 수 있는 그 무엇도 지혜로운 삶에 비할 수 없다. 지혜로 사는 삶은 즐겁고 지혜로 가는 길은 늘 편안하다. 지혜는 그것을 손에 넣은 사람에게는 생명의 나무와 같고 지혜에 든 자는 누구나 행복을 누린다.

- 속담

지혜는 자연과학과 인문학 지식을 모두 합쳐놓은 것보다 더 방대하다. 지혜에 들면 사람은 세속의 즐거움에도, 삶의 굴곡에도 무심함을 유지하게 된다.

- 파켄피우(Fakenpiu)

생각 중에 더 나은 생각에 의지하고, 사람에게 내재하는 예언적 정신에 무릎 꿇을 때만이 지혜가 하는 말을 들을 수 있다.

- 에머슨(Emerson, Ralph Waldo)

지혜와 종교

지리학이 하나만 있듯이 윤리학도 하나만 있다. 대부분의 사람들은 지리학에 대해 무지하다. 하지만 일단 지리학 연구에 발을 담그면 기본적으로 알고 있던 내용임을 알게 된다. 농부, 노동자, 장인들은 윤리학 과정을 배우지 않는다. 키케로나 아리스토텔레스의 글을 읽지도 않지만 이 주제를 고민하기 시작하면서부터는 부지불식간에 키케로의 제자가 된다. 인도인 염색공이나 타타르족 목동, 영국인 어부는 무엇이 옳고 그른지 안다. 공자는 누가 물리학 체계를 발명한 것처럼 윤리학 체계를 발명한 것은 아니다. 공자는 모든 사람의 마음속에 있는 윤리를 발견한 것이다.

- 볼테르(Voltaire, François-Marie Arouet de)

종교에 대해 별로 고민한 적이 없는 사람이 자기의 모태신앙만 진정한 유일신이라고 믿는다고 하자. 당신이 기독교인이라면, 만약 당신이 다른 종교 국가에서 태어났을 경우에 어떤 일이 벌어질지 한번 자문해보라. 당신이 불교도이거나 기독교인인데 무슬림 국가에 태어났다면 어떻게 될까? 브라만 계급인데 무슬림 국가에 태어났다면 어떻게 될지 자문해보라. 우리 종교만이 진리이고 다른 종교는 모두 거짓이라고 하는 게 가능한 일인가? 자기 종교만이 진리라고 받아들이거나 다른 사람을 설득하기만 한다고 다른 종교는 가짜고 자기 종교가 진리가 될 수 있는 것은 아니다.

- 톨스토이(Tolstoy, Leo)

보통사람들은 무지에서 이런 말을 한다. "내가 믿는 종교가 유일한 종교이고, 내 종교가 최고다." 하지만 그의 가슴이 깨달음의 빛으로 환해지면, 어느 종파나 분파가 옳은지를 따지는 부질없는 다툼을 뛰어넘어 나눌 수 없고 영원하고 전지전능한 하나의 은총이 삼라만상을 주재한다는 사실을 알게 된다.

- 라마크리슈나(Ramakrishna)

차례

젊은 세대는 잡다한 과목을 공부한다. 별은 어떻게 생겼고, 지구는 무엇으로 구성되었고, 세포는 어떻게 유기체를 구성하는지 등을 배운다. 그러나 정작 중요한 한 가지를 안 배운다. 사람은 무엇으로 사는지, 사람은 어떻게 살아야 하는지, 인류사에서 위대한 현인들은 이 질문에 어떤 생각을 하고 해답을 내놓았는지를 배우지 않는다.

- 톨스토이(Tolstoy, Leo)

1장

진리를
이루는
공부법

1 진리를 추구하려는 열망

사람은 자신이 자연의 중심이고 그가 사는 시간의 편린은 영원으로 둘러싸여 있으며 그가 펼칠 수 있는 공간은 무한으로 둘러싸여 있다는 것을 안다. 자신에게 어떤 질문이 도움이 될까, "나는 누구인가? 나는 어디서 와서 어디로 가는가?"

- 칼라일(Carlyle, Thomas)

나는 세상 사람들이 열망하는 명예는 버리고 오직 진리를 알고 싶을 뿐이다.

- 소크라테스(Socrates)

오 땅의 아들이여, 눈이 멀면 나의 아름다움을 보게 될 것이다. 귀가 멀면 나의 듣기 좋은 노래와 멜로디를 듣게 될 것이다. 오직 모를 뿐의 상태가 되면 나의 앎을 함께 하게 될 것이다. 고통을 즐기는 상태가 되면 무한한 바다 같은 나의 부귀를 영원히 나눠 갖게 될 것이다. 나의 아름다움이 아닌 모든 것에 눈길을 주지 마라. 나의 말이 아닌 모든 것에 귀를 열지 마라. 내가 아는 것이 아닌 모든 것은 배우지 마라. 순수한 눈으로 바라보고, 티 없이 맑은 의식을 유지하고 있는 그대로 알아차리게 되면 나의 신성한 현존 상태에 들어가게 될 것이다.

- 바하올라(Bahaullah)

귀함은 각자 자기 안에 있지만 그것을 내면에서 찾을 생각은 결코 하지 않을 뿐이다.

- 맹자(孟子, Mencius)

그대 가슴에 무엇이 비치는지 가만히 들여다보라. 점차 순수한 기쁨과 텅 빈 충만을 맛보게 될 것이다.

- 사디(Saadi)

사람이 자기는 느껴보지도 못했으면서도 영혼이 있디거나 자기는 보지도 못했으면서 신이 있다고 말할 수 있는 권리가 어디에 있는가? 사람에게 영혼이 있다면 그것을 꿰뚫어 보아야 한다. 그렇지 않았다면 맹목적으로 믿지 말 일이며 위선자가 되기보다는 솔직히 무신론자가 되는 것이 더 낫다.

- 비베카난다(Vivekananda)

3 | 너 자신을 알라

가장 중요한 지혜의 경구 중 하나는 '너 자신을 알라'이다.

- 소크라테스(Socrates)

자신의 본성을 근본적으로 깨친 사람은 누구나 다른 사람의 본성을 알 수 있고 사물의 본성도 꿰뚫어 볼 수 있다. 그런 사람은 근본적 변화와 하늘과 땅의 진보에 일조할 수 있다.

- 공자(孔子, Confucius)

자기 마음을 깨달으면 무아와 만물의 근본을 깨치게 된다. 깊은 선정에 들면 '나'라고 부를 수 있는 것은 아무것도 없다는 것을 알게 된다. 마음의 근본 자리를 깨우치고 나면 신성이 보인다. 나라는 존재가 실재한다는 착각이 깨지면 신성이 저절로 드러난다.

- 라마크리슈나(Ramakrishna)

정신은 자신이 거주할 집을 짓는다. 시작부터 잘못된 방향으로 나아가면 잘못된 방식으로 생각해서 스스로 스트레스를 잉태한다. 생각이 자기 고통을 스스로 만든다.

- 파켄피우(Fakenpiu)

세상에 존재하는 가장 센 힘은 물리력이라고 믿는 경우가 있다. 우리의 의도와 상관없이 우리 몸은 물리력을 늘 느끼기 때문에 그렇게 생각하게 된다. 하지만 영적인 힘, 생각의 힘은 중요하지 않아 보여서 힘이라고 전혀 인지하지 못한다. 그럼에도 불구하고 진정한 힘은 영성과 생각에 있기에 이 힘에 의해서 우리의 삶과 타인의 삶이 바뀐다.

- 톨스토이(Tolstoy, Leo)

오, 형제여, 가족이나 부, 명예를 잃는 것은 아무것도 아니다. 하지만 지혜를 잃는 것은 심각한 손실이다. 오, 형제여, 가족이나 부, 명예를 얻는 것은 아무것도 아니다. 지혜를 얻는 것이 최상의 얻음이다. 따라서 수행자는 지혜를 얻기를 바라는 것이다. 그것이 수행자의 열망이 되게 하라.

- 앙굿따라 니까야(Aṅguttara Nikāya)

5 | 통찰

진리에 도달하려면 일정한 높이에 도달해야 한다. 그러나 진리에 접근하는 방법은 무궁무진하다. 원의 반지름 개수가 무한하듯이 우리는 무한한 방법으로 진리에 접근할 수 있다. 그러므로 온 힘을 다해 우리 모두를 하나로 묶어줄 진리의 불빛에 닿도록 노력해야 한다.

- 톨스토이(Tolstoy, Leo)

진리를 찾기 위해 이곳저곳을 다 찾아다닐 필요는 없다고 말한다면 그 사람을 믿지 마라. 그런 말을 하는 사람은 그대에게 최고의 강적이자 진리의 강적이다.

- 톨스토이(Tolstoy, Leo)

아는 자와 인식 대상이 하나가 되어서 인간의 오감이 통찰로 작동하게 되면 세계를 전체적으로 이해하는 능력을 더 갖추게 된다. 이렇게 하나로 꿰뚫어 볼 수 있는 능력이 생기면 누구나 우주의 주인이 된다. 이런 통찰력을 갖지 못한 사람은 아무것도 제대로 파악하지 못한다.

- 조르다노 브루노(Giordano Bruno)

6 마음 비우기

그 어떤 얼룩보다 더 더러운 얼룩이 있으니, 그것은 무지의 얼룩이다. 오 불제자여, 무지의 얼룩에서 벗어나 스스로를 정화하라. 더러운 땅에서 벗어나라.

- 법구경 (Dhammapada)

무지에서 모든 욕망이 잉태되니, 무지를 깨면 욕망 또한 사라질 것이다.

- 맛지마 니까야(Majjhima Nikāya)

그대가 죄인 중에 가장 큰 죄를 지었더라도 지혜의 뗏목을 타면 모든 죄업을 완전히 건너리.

- 바가바드 기타(Bhagavad Gita)

7 | 머리로 깨닫기

마음이 고요해지고 바로 알아차리는 앎이 진정한 앎이다. 그 외의 지식은 무지이다.

- 라마크리슈나(Ramakrishna)

젊은 세대는 잡다한 과목을 공부한다. 별은 어떻게 생겼고, 지구는 무엇으로 구성되었고, 세포는 어떻게 유기체를 구성하는지 등을 배운다. 그러나 정작 중요한 한 가지를 안 배운다. 사람은 무엇으로 사는지, 사람은 어떻게 살아야 하는지, 인류사에서 위대한 현인들은 이 질문에 어떤 생각을 하고 해답을 내놓았는지를 배우지 않는다.

- 톨스토이(Tolstoy, Leo)

사람이 어린아이와 같이 동심의 상태로 돌아가지 않는 한 깨달음에 도달할 수 없다. 지금까지 배운 세상에 대한 지식은 버리고 어린아이처럼 순수한 호기심을 가져야 한다. 그래야 깨달음을 얻고 지혜의 문에 들 수 있다.

- 라마크리슈나(Ramakrishna)

가슴으로 깨닫기

깨달음은 사랑으로 가는 길이라고 말하는 사람도 있고 사랑과 앎은 상호의존적이라고 말하는 사람도 있다.

- 나라다 수트라(Narada Sutra)

영원성에 대한 깨달음과 영원성에 대한 사랑은 결국 하나이자 같은 것이다. 순수한 앎과 순수한 사랑은 둘이 아니다.

- 라마크리슈나(Ramakrishna)

신에 대한 깨달음을 남자에 비유한다면 신에 대한 사랑은 여자와 같다. 머리로 신을 깨닫게 되는 것은 영원한 세계의 사랑방에 들어갈 권리를 갖게 된 것이지만 사랑만이 안방에 들어갈 수 있어서 전지전능한 신비의 세계로 들어갈 수 있다.

- 라마크리슈나(Ramakrishna)

구도의 안내자가 필요하다

덕을 갖춘 스승을 찾아서 마음으로 섬기면서 스승님이 항상 자신을
지켜보면서 일거수일투족을 감시한다고 생각하고 생활해야 한다.

- 세네카(Seneca)

혼자 구도의 길을 걷는다면 구도의 여정을 마칠 수 없다. 안내자가 필
요하다. 자기 혼자 구도의 길을 가지 마라. 구도의 바다에 뛰어든 눈
먼 사람처럼 구도의 길에 들어서지 마라. 사바세계의 구덩이에서 빠
져나오려면 어떻게 해야 하는지에 대해 완전히 무지한데 확실한 안
내자 없이 어떻게 할 것인가?

- 파리드우딘 아타르(Fariduddin Attar)

비록 그의 행동이 그의 가르침에 미치지 못할지라도 영혼의 귀로 현
인의 말에 경청하라. 사람은 훌륭한 조언이 벽에 적혀 있더라도 귀를
기울여야 한다.

- 사디(Saadi)

10 자신을 등불로 삼기

사람은 자신을 등불로 삼아 진리를 찾아야 하지만 옛 성자와 현자로
부터 오늘까지 전해오는 가르침도 등불로 삼는 것이 좋다.

- 톨스토이(Tolstoy, Leo)

자신을 등불로 삼고 자신을 안식처로 삼아라. 진리가 너의 힘이 되고
진리가 너의 안식처가 되게 하라. 다른 것이 아닌 오직 자기 자신 안
에서 안식을 구하라.

- 대반열반경(Mahāparinibbāna Sutta)

남이 심어주는 자신감은 스트레스가 따라온다. 스스로 갖는 자신감
만이 힘이 실리고 기쁨이 따른다.

- 불설사천왕경(佛說四天王經, Sutra of the Four Heavenly Kings)

11 | 스스로 생각하기

모두 어떤 교리가 진리라고 믿는다 하더라도 그것이 아주 오래된 것이라면 사람은 그것을 이성적으로 판단해야 하는데, 만약 자신의 이성적 기준에 부합하지 않는다면 과감하게 폐기해야 한다.

- 톨스토이(Tolstoy, Leo)

맹목적으로 믿는 것은 나쁘다. 이성적으로 생각하고 스스로 판단하고 실험을 하고 전해 들은 말은 맞는지 틀린지 확인하라.

- 비베카난다(Vivekananda)

모든 것은 자신의 이성적 판난을 거치도록 하고, 자신의 독자적인 방식으로 검토해서 좋고 진실하고 유용한 것만 지키도록 하라.

- 헤라클리투스(Heraclitus)

12 스스로 선악 판단하기

착하다는 평가를 받아도 못된 놈이 되는 것보다 사람들한테 못된 놈이라는 소리를 들어도 착한 짓을 하는 게 낫다.

- 사디(Saadi)

진실한 사람이 되고 싶은 사람은 누구나 세상 사람들에게 영합하려는 소망에 따른 선입견을 모두 버려야 한다. 스스로 생각하는 정신을 가진 사람의 호기심보다 더 신성하고 더 생산적인 것은 아무것도 없다.

- 에머슨(Emerson, Ralph Waldo)

어떤 사람이 다른 사람들의 미움을 받는다면 그 사람을 판단하기 전에 그 사람들은 왜 그를 싫어하는지를 살펴봐야 한다. 어떤 사람이 다른 사람들한테 존경을 받는다면 그 경우에도 그 사람들은 왜 그를 떠받드는지를 살펴봐야 한다.

- 공자(孔子, Confucius)

영원한 것은 없음을 깨우치기

물질은 끊임없이 흐르는 시냇물과 같다. 자연은 나고 성장하고 병들고 죽는 과정을 끊임없이 반복한다. 변하지 않는 것을 찾기 어렵다. 그대 주변에 잠시도 머물지 않는 이 시간의 심연과 모든 것이 사라지는 미래를 지켜보라.

- 마르쿠스 아우렐리우스(Marcus Aurelius)

만물은 운동하고 고정된 것은 아무것도 없다. 같은 강물을 두 번 건널 수 없다.

- 헤라클리투스(Heraclitus)

모든 덩어리는 일시적이며 슬픔의 대상이고 고정된 실체가 없다. 사람이 이 사실을 깊이 깨달으면 슬픔에서 풀려난다. 이것이 마음을 비우는 방법이다.

- 법구경(Dhammapada)

14 　나라는 실체가 없음을 깨우치기

감각과 마음은 지금 느끼는 것이 실재라고 착각하지만 그것은 실체가 없는 것이다. 감각과 마음은 인식의 도구이자 장난감에 불과하다. 느낌과 생각 아래에 좀 더 힘이 센 주인이 똬리를 틀고 있는데 우리가 인식하지 못하는 그 현자가 '나'라고 하는 놈이다.

- 니체(Nietzsche, Friedrich Wilhelm)

이기주의자는 자기의 '나'에게 모든 것을 갖다 바친다. 그렇지만 실은 나란 놈은 자기라는 개인을 실재하고 영속하는 뭔가로 인식하고, 현상 세계를 온전한 실재라고 믿게 만드는 실수를 저지르는 얼간이다. 이런 잘못 길들인 개인주의 형태의 삶은 도덕적 인간이라면 걸을 수 없는 삶이다.

- 쇼펜하우어(Schopenhaur, Arthur)

이 몸이란 놈은 어떤 연속적으로 변화하는 것에 갖다 붙이는 이름이다. 같은 모습으로 보이지만 물결은 시시각각 바뀌고 뒷 물결이 앞 물결을 밀어내는 것을 강이라고 하듯이 몸도 그러하다.

- 비베카난다(Vivekananda)

41

이 세계가 실재하지 않음을 깨우치기

이 세계는 찬란한 불꽃과 같아서 매 순간 새로운 생명이 나타나서 자기 몸을 불사른다. 불나방처럼 스스로 불구덩이 속에서 타죽지 않으려면 사자처럼 용맹하게 이 불꽃에서 눈길을 돌려라. 이 미물처럼 불꽃에 달려드는 미혹한 사람은 어김없이 불에 타죽게 될 것이다.

- 파리드우딘 아타르(Fariduddin Attar)

무엇이 진보를 이루는가? 바깥 경계에 끌려다니지 않는 사람이 내면을 철저히 성찰해 자연과 어긋남이 없는 경지에 이르면, 진일보해서 걸림이 없고 무엇에 기대지 않고 내적 충만을 이루게 된다. 그를 일러 진정한 진보를 이룬 사람이라 부른다.

- 에픽테토스(Epictetus)

누가 진정 미망(迷妄, 사리에 어두워 갈피를 잡지 못하고 헤매는 상태)을 넘어선 세계에 머물렀나? 악의 세계와 절연한 사람, 고귀한 영혼과 지속적으로 교류하는 사람, 명상 상태로 사는 사람, 세상사에 매이지 않으려고 애쓰는 사람, 하나임을 깨쳐서 존재의 불안을 떨쳐낸 사람, 자기 노력의 과실에 연연하지 않는 사람, 중도를 깨우쳐 나를 버린 사람, 불립문자(不立文字)의 세계를 아는 사람, 그 사람이 진정한 깨달음을 얻어서 타인을 도의 세계로 인도할 수 있다.

- 나라다 수트라(Narada Sutra)

내면 통찰

사람이 한 원자의 수수께끼를 발견한다면 모든 존재의 신비를 볼 수 있다. 인간 내면뿐만 아니라 인간 아닌 존재의 신비까지도 볼 수 있다.

- 이븐 아라비(Ibn Arabi, Muhyiddin)

어떤 대상의 아름다움에 빠져 황홀감에 잠시 의식이 대기권을 뚫고 상승하면 우리 존재는 우주와 하나가 되는 희열을 맛본다.

- 쇼펜하우어(Schopenhaur, Arthur)

오, 형제여, 각각의 세계를 생각한다면 거기에서 수만 가지 과학을 발견하게 될 것이다. 그 세계 중의 하나가 잠이다. 잠은 얼마나 많은 문제를 안고 있는가! 얼마나 많은 지혜를 감추고 있는가! 얼마나 많은 세계를 포함하고 있는가!

- 바하올라(Bahaullah)

17 마음이 쉬는 상태 도달하기

개인의 모든 욕망을 남김없이 내려놓고 모든 감각을 마음으로 조절하면 마음이 고요해지면서 깨달음의 힘에 의해 점차 생각과 느낌이 쉬게 된다. 지켜보는 의식만 살아서 오직 모를 뿐인 상태가 된다. 생각과 느낌이 다시 날뛸 때마다 달아나는 놈을 잡아서 고요하도록 기다리면서 지켜보는 자만 있는 상태로 돌아가야 한다. 마음이 고요해지면 인간이 맛볼 수 있는 최상의 평화를 누리게 된다.

- 바가바드 기타(Bhagavad Gita)

물이 고요하면 거울처럼 만물이 비친다. 이런 완벽한 수준의 고요함이 현자가 도달해야 하는 마음의 고요이다. 물이 완벽하게 고요해질 때 맑아진다면 마음의 본체도 그러해야 한다. 완벽한 쉼에 상태에 들어간 현자의 마음은 천지만물을 비추는 거울이다.

- 장자(莊子, Zhuangzi)

마음이 고요해지면 진리가 비친다. 마음의 바다가 욕망의 풍랑으로 일렁이면 진리를 비출 수 없고 지혜의 눈이 열리지 않는다.

- 라마크리슈나(Ramakrishna)

18

집중 상태에 들어가기

적절하게 유도되어 내면을 향해 비추는 집중력은 인간의 영혼을 분석할 수 있게 해주고 많은 것을 알게 해준다. 마음의 힘은 분산되는 광선을 닮았다. 마음을 모으면 모든 것을 밝힐 수 있다. 이것이야말로 인간이 가질 수 있는 지식의 유일한 원천이다. 이 지식을 정복하기 위해서는 한 가지 방법밖에 없는데 그것이 바로 집중이다.

- 비베카난다(Vivekananda)

너무 애쓰지 않고 자연스럽게 완벽한 집중 상태에 들어가면 정확한 분별력이 생긴다.

- 파탄잘리(Patanjali)

끊임없는 수련을 통해 사람이 마음을 집중할 수 있게 되면 어디에 있든지 마음은 주변 상황에 물들지 않고 진리 세계에서 한가하게 쉴 수 있다.

- 라마크리슈나(Ramakrishna)

관조(觀照) 상태에 이르기

관조 상태가 아니면 고요함도 없고 고요함이 없다면 어떻게 행복에 이르겠는가? 감각 작용에 따라서 저절로 작동되는 마음은 바람 불면 배가 바다로 나가듯이 알아차리는 의식을 잃는다. 그러므로 감각을 감각 대상에서 거두어 갈무리한 사람만이 알아차리는 의식 상태에 깊이 들어갈 수 있다.

- 바가바드 기타(Bhagavad Gita)

아무런 걸림 없이 마음이 미동도 없이 고요한 상태에 도달한 이후에야 사람은 관조 상태에서 사안의 본질을 꿰뚫어 볼 수 있다. 사람이 관조 상태에서 사안의 본질에 대한 명확한 판단을 내린 연후에야 바라던 완성의 상태에 도달할 수 있다.

- 공자(孔子, Confucius)

관조 상태에 들어간 사람은 바깥에서 무슨 일이 벌어져도 전혀 의식하지 못해서 새가 머리에 둥지를 틀어도 알아채지 못할 지경이 된다. 그 사람을 일러 완전한 명상의 상태에 들어갔다고 할 수 있다.

- 라마크리슈나(Ramakrishna)

20

침묵

구도자는 이기심을 버려야 한다. 가슴에서 자만심과 오만함을 지우고 인내심으로 무장하고 침묵의 법을 따를 때 헛된 말을 삼가게 될 것이다.

- 바하올라(Bahaullah)

오, 알라시여, 오 알라시여, 큰 소리로 울부짖는 한 그 사람은 아직 알라를 영접하지 못한 것이 분명하다. 알라를 영접한 사람은 누구나 말이 끊기고 내면의 평화로 충만하게 된다.

- 라마크리슈나(Ramakrishna)

고양된 생각으로 기도하는 사람의 입을 다물게 하는 것은 내 안의 신이다. 어떤 목소리가 가슴 깊숙한 곳에서 우리에게 말한다. "내가 존재다, 내 아이야, 나에 의해 존재하고 너의 몸과 빛의 세계가 조화를 이룬다. 내가 존재다. 모든 것이 내 안에 있고 내 것 모두가 너의 것이다."

에머슨(Emerson, Ralph Waldo)

하늘이 어떤 이에게 장차 큰일을 맡기려 할 때는 반드시 먼저 그 사람이 하고자 하는 일에서 고난을 겪게 한다. 힘든 노동으로 삭신이 노곤하게 만들고, 배가 주리는 궁핍한 생활을 견디게 한다. 하는 일마다 제대로 되는 일이 없게 한다. 이런 시련을 통해 담금질해 능력을 키워줌으로써 앞으로 맡을 일을 능히 해낼 수 있는 인재로 거듭나게 하기 위함이다. 시련은 사람을 키우지만 향락은 말로에 비참한 죽음을 낳는다.

- 맹자(孟子, Mencius)

2
장

		진	리	
			수	행

21 | 실천이 중요하다

배운 것을 6분의 1만 실천해도 반드시 목표를 이룰 것이다.

- 라마크리슈나(Ramakrishna)

마음은 그 자체로 빛나는 보석이지만 지저분한 흙더미에 묻힌 원석에 비유할 수 있다. 아무런 정화 과정 없이 누군가 그것을 그냥 쳐다보기만 해도 깨끗하고 빛나는 보석으로 만들 수 있다고 믿을 근거는 어디에도 없다.

- 아슈바고사(Ashwaghosha)

힌두 연감에는 전국적으로 비가 몇 밀리미터 내릴지 예보하는 연간 강우량 예측이 실린다. 강우량 예측이 빼곡히 실린 이 책을 눌러 짠다고 해도 물 한 방울 나지 않을 것이다. 성경이나 불경(Buddhist Text)에 아무리 좋은 말이 많다고 해도 그냥 읽기만 해서는 영성이 계발되지 않는다.

- 라마크리슈나(Ramakrishna)

22 영성의 빛을 밝혀라

어느 누가 말하든 간에 마음의 평화가 아니라 열정을 부추기고, 겸손이 아니라 자랑을 앞세우고, 고독의 즐거움이 아니라 세속적인 탐욕을 좇게 하고, 평화의 정신이 아니라 폭력을 부추기는 가르침은 법이 아니요, 지침이 아니요, 스승의 가르침이 아니다.

- 비나야 피타카(Vinaya Piṭaka)

아무 소용이 없고 돈만 밝히고 애매모호한 잡설만 늘어놓는 종교에서 추방당한다고 두려워하지 마라. 내면에 영성의 빛이 밝아질수록 생명의 진리를 더 깨닫게 될 것이다.

- 톨스토이(Tolstoy, Leo)

늪에서 허우적거리고 풀숲에 쪼그려 앉아서 울부짖는 사람들이 있다. "늪에 빠져도 침묵하는 것, 이것이 신앙인의 자세다." 늘 무릎을 꿇고 손을 맞잡고 신앙인의 덕목을 찬양하지만 가슴으로는 안다. 이건 아니라는 것을.

- 니체(Nietzsche, Friedrich Wilhelm)

23   내 안의 사랑을 키워라

참된 예배는 향초와 꽃을 비롯한 공양물과 시주금을 바치는 데 있는 것이 아니라, 신앙의 대상이 걸었던 길을 따르려고 노력하는 데 있다.

- 자타카말라(Jatakamala)

진리로 이끄는 길은 무엇인가? 한 제자가 사랑으로 넘치는 가슴으로 위, 아래, 동서남북 사방팔방으로, 그 사랑의 생각이 크고 깊고 무한대로 분노와 미움이 없이 그 빛을 온 세상에 퍼부을 때, 그리하여 그가 깊은 고요함에서 나온 깨달음의 빛을 온 세상에 쏟아부을 때 그 제자는 진리로 가는 길에 섰다고 할 수 있다.

- 앙굿따라 니까야(Aṅguttara Nikāya)

나는 어느 종교 지도자가 옳은지 모르겠고 나로서는 확신을 갖고 누구라고 단정하는 게 가능한 일도 아니다. 내가 할 수 있는 최상의 길은 내 안의 사랑을 키우는 일이고 그 사랑을 의심하는 것은 불가하다는 것쯤은 안다. 내 안에 사랑이 커지면 내 행복도 커지기에 이를 의심할 수가 없기 때문이다.

- 톨스토이(Tolstoy, Leo)

24

참종교인의 자세

몸에 생활인의 옷을 걸치더라도 그 영혼은 최고 완성의 자리에 오를
수 있다. 속세에 살든 탈속해 살든 에고(ego)를 깨고 중도를 깨쳤다면
하등 다를 바 없다. 마음이 욕망의 굴레에 매여 있다면 머리 밀고 승
복을 걸쳤다 해도 헛되다.

- 불설사천왕경(佛說四天王經, Sutra of the Four Heavenly Kings)

자기 몸, 자기 말과 행동, 자기 안살림을 늘 지켜보면서 내면이 고요
하고 기쁨으로 충만하고 몸과 마음이 둘이 아닌 하나가 된 자리에서
존재 자체로 만족을 느낀다면 그 사람이야말로 참종교인이다.

- 불경(Buddhist Text)

현생과 내생의 욕망에서 벗어나고 모든 두려움이 사라지고 모든 굴
레에서 벗어난 사람, 그 사람이 바로 참종교인이다.

- 불경(Buddhist Text)

25

몸을 소중히 대하라

인간의 몸은 하늘과 땅을 네 몫으로 가둔 형상이다. 인간의 삶은 하늘과 땅의 조화가 네 몫으로 주어진 것이다.

- 장자(莊子, Zhuangzi)

군자는 자기 몸을 소중히 돌봐야 한다. 몸은 영혼을 모신 신전이기 때문이다. 영성이 현현했다고나 할까? 영성이 거함에 따라 서임을 받은 게 몸이다.

- 라마크리슈나(Ramakrishna)

금욕주의와 쾌락주의의 양극단을 버리고 중도를 걸을 때 최고 완성의 자리를 오를 수 있다. 종교가 고행과 금욕만을 강요한다면 인간에게 내면의 평화를 가져다줄 수 없다.

- 불설사천왕경(佛說四天王經, Sutra of the Four Heavenly Kings)

26 | 절제하라

무엇이든 과하지 않게 하라.

- 시경 (詩經, Shih Ching)

감각의 문을 지켜보도록 하라. 섭식에 있어서 어떤 면에서든 과도함을 피하고 균형을 유지하라. 경계를 게을리하지 않고 무지에 빠지지 않고 늘 깨어 있게 하라.

- 맛지마 니까야 (Majjhima Nikāya)

몸의 주인이 되어라. 음식을 절제하고 적절한 순간에만 먹어라.

- 불설사천왕경 (佛說四天王經, Sutra of the Four Heavenly Kings)

말을 아껴라

누굴 부러워하거나 비난하는 데 시간을 쓰는 사람은 자기 시간을 허비하는 것이다. 그 시간은 자신이나 자기 내면의 신을 생각하는 데 쓰지 않고 타인의 신을 생각하는 데 쓴 것이기 때문이다.

- 라마크리슈나(Ramakrishna)

알지 못하는 사람이 입을 다물면 다툴 일이 없다.

- 소크라테스(Socrates)

빈 단지에 물을 부으면 콸콸 시끄러운 소리가 난다. 단지가 차오르면 시끄러운 소리가 잦아든다. 진리를 찾지 못한 사람은 진리에 대헤 이러쿵저러쿵 공연한 논쟁을 많이 벌인다. 하지만 진리를 체험한 사람은 말없이 환희에 젖는다.

- 라마크리슈나(Ramakrishna)

28 일하라

게으름은 사람을 녹슬게 해서 일하는 것보다 몸을 더 빨리 망가뜨린다. 사용하는 열쇠는 녹슬지 않는다.

- 프랭클린(Franklin, Benjamin)

몸을 치장하고 놀리면서 고상한 영적 삶을 살 수 있다고 상상하는 것은 엄청난 실수이다. 몸은 영혼의 제1 제자이다.

- 소로(Thoreau, Henry David)

의심, 슬픔, 실의, 분노, 절망, 이런 악령들은 누구 하나 걸려들기만을 기다리다가 어떤 이가 게으른 생활을 시작하면 바로 달려든다. 이런 악령을 물리칠 가장 확실한 퇴마사는 성실한 육체노동이다. 사람이 이런 일에 나서자마자 어떤 악령도 그 사람에게 달려들 수 없고 기껏해야 멀리서 으르렁거릴 뿐이다.

- 칼라일(Carlyle, Thomas)

29 | 정직하라

사람이 진실에 더 다가갈수록 신성에 가까워진다. 어떤 사람이 진실 그 자체에 도달할 때 영원불멸하는 위대한 신성이 함께한다.

- 에머슨(Emerson, Ralph Waldo)

혼자 있어도 열 개의 눈이 지켜보고 열 개의 손가락이 지적하고 있는 것처럼 몸가짐을 삼가야 한다.

- 맹자(孟子, Mencius)

자기 말에 한 점 거짓 없이 진심이지 않은 사람은 결코 도를 이룰 수 없다.

- 라마크리슈나(Ramakrishna)

마음이 고요해야 한다

사람은 가슴에 즐거움이 있어야 한다. 더 이상 즐겁지 않으면 무슨 잘 못된 일에 빠진 것인지 찾아내야 한다.

- 톨스토이(Tolstoy, Leo)

신을 깨닫는 즉시 무지는 사라진다. 존재의 기쁨이 찾아오면 그의 슬 픔은 아직 가슴에 아픔을 느낄 수 있는 사람에게로 달아나 버린다.

- 헤르메스(Hermes)

미래를 걱정하는 사람은 불행이 닥치기도 전에 스스로 불행을 자초 하고, 죽어서 갖고 갈 수도 없는 것을 자기 손에 넣겠다고 아등바등 하느라 마음의 평화가 없다.

- 세네카(Seneca)

31 영혼의 차원에서는 차별이 없다

자아를 소멸하고 내면의 평화를 찾은 사람은 기쁘든 고통스럽든 자랑스럽든 부끄럽든 간에 평정심을 유지한다.

- 바가바드 기타(Bhagavad Gita)

진실로 사람이 자신의 영혼에서 찾은 평화와 자유보다 더 고요하고 더 걸림이 없는 피정(避靜)은 없다. 특히 명상이 깊어져서 절대적으로 고요한 순간을 맞이하면 이것이 진리임을 알게 된다.

- 마르쿠스 아우렐리우스(Marcus Aurelius)

현자는 항상 고요하다. 그의 마음은 흔들림 없고 편안하다. 현자는 매사에 마음이 한가하니 그의 영혼은 피곤을 모른다.

- 노자(老子, Lao Tse)

시련을 견뎌라

영원한 영광을 꿈꾸는 사람은 시대의 영광에 연연하지 않는다. 칭찬이든 비난이든 남의 평가에 무심한 사람은 깊은 내면의 평화를 누린다.

- 토마스 아 켐피스(Thomas à Kempis)

대장간의 마루는 수없이 망치질을 받아도 흔들림 없이 그 자리를 지킨다. 그처럼 사람도 그에게 닥치는 온갖 시련과 박해에도 흔들림 없이 인내로 견뎌야 한다.

- 라마크리슈나(Ramakrishna)

하늘이 어떤 이에게 장차 큰일을 맡기려 할 때는 반드시 먼저 그 사람이 하고자 하는 일에서 고난을 겪게 한다. 힘든 노동으로 삭신이 노곤하게 만들고, 배가 주리는 궁핍한 생활을 견디게 한다. 하는 일마다 제대로 되는 일이 없게 한다. 이런 시련을 통해 담금질해 능력을 키워줌으로써 앞으로 맡을 일을 능히 해낼 수 있는 인재로 거듭나게 하기 위함이다. 시련은 사람을 키우지만 향락은 말로에 비참한 죽음을 낳는다.

- 맹자(孟子, Mencius)

33 | 일신우일신(日新又日新)하라

사람은 자기 발전에 쏟은 노력이 과실을 맺을 때 행복할 수 있다.

- 앙투안 영적 치료사(Antoine the Healer)

도를 깨치려는 사람은 어떤 초능력을 얻은 다음에도 수행을 계속하면 결국에는 진리에 도달하게 된다.

- 라마크리슈나(Ramakrishna)

공부를 하지 않는 사람도 있고 공부는 하지만 진전이 없는 사람이 있다. 배움의 의욕을 꺾지 말아야 한다. 질문하는 학인이 있고 질문하지만 답변의 요지를 이해하지 못하는 학인이 있다. 배움의 의욕을 꺾지 말아야 한다. 분별력이 없거나 일관성이 부족한 사람도 있다. 역시 배움의 의욕을 꺾지 말아야 한다. 실천하지 않거나 성실하게 실천하지 못하는 사람도 있다. 배움의 의욕을 꺾지 말아야 한다. 다른 사람이 한 번에 할 때 백 번 해야 되는 사람도 있고 다른 사람이 열 번에 할 때 천 번을 해야 되는 사람도 있다. 이런 법칙에 따르면 아주 똑똑하지 않더라도 누구든지 배울 수 있고 아무리 허약하더라도 힘을 키울 수 있다.

- 공자(孔子, Confucius)

자신을 지켜보라

현자에게 양심에 숨겨둔 비밀보다 더 명확한 것은 없고 자기 행동의 숨은 동기보다 확실한 것은 없다. 그렇기에 뛰어난 사람들은 자기만 아는 양심의 소리를 주의 깊게 지켜본다.

- 증자(曾子, Zengzi)

자기 행동을 지켜보지 않는 사람에게는 욕망이 넝쿨처럼 경계를 넘어선다. 욕망이 과일을 따 먹으려고 숲속을 뛰어다니는 원숭이처럼 여기저기 날뛴다.

- 법구경(Dhammapada)

집중이 흩어지면 새로운 망상이 생겨날 길을 만들고 오래된 망상이 자라도록 해준다. 관조 상태가 이어지면 새로운 망상이 생기지 않게 하고 오래된 망상이 깨지게 한다.

- 맛지마 니까야(Majjhima Nikāya)

35 강인한 의지를 가져라

자연은 인간에게 충분한 힘을 주었다. 그렇지만 그 힘을 우리 자신이 이용하기로 선택하고 그 힘을 모아서 우리에게 도움이 되도록 활용해야지 우리가 하는 일을 방해하도록 하면 안 된다. 연약한 의지를 핑계로 어떤 일이 불가능하다고 단정하지는 마라.

- 세네카(Seneca)

어떤 일이 그대에게 버겁다고 해도 그 일은 사람이 할 수 있는 일이 아니라고 생각하지는 마라. 하지만 어떤 일이 사람이 할 수 있는 일이면 그대도 그 일을 할 수 있다고 생각하라.

- 마르쿠스 아우렐리우스(Marcus Aurelius)

겸손한 척 이렇게 말하는 사람들이 많다. "저는 먼지 구덩이 속을 기어다니는 지렁이에 불과합니다…" 자신이 지렁이라고 항상 믿는 사람은 시간이 지나면 지렁이처럼 허약해진다. 좌절감을 가슴으로 받아들이지 마라. 좌절은 무엇보다 인간의 진보를 가로막는 가장 큰 적이다. 사람이 스스로 무엇이라고 생각하면 그 사람은 실제로 생각하는 그것이 된다.

- 라마크리슈나(Ramakrishna)

담대함을 지녀라

열정을 보여야 할 곳에 열정을 보이지 않는 사람, 젊고 힘이 있지만 게으름에 무릎 꿇는 사람, 자신의 의지와 지능을 잠재우는 사람, 아무것도 하지 않는 겁쟁이는 완전한 지혜의 길을 찾지 않을 것이다.

- 법구경(Dhammapada)

바다 깊은 곳에 진주가 있지만 진주를 손에 넣으려면 깊은 바닷속으로 들어가는 모험을 감수해야 한다. 이 세상의 진리를 얻는 것도 마찬가지이다.

- 라마크리슈나(Ramakrishna)

공부에 진전이 있을수록 마가 더 낀다. 그대가 걷는 도의 길은 그대 가슴 속을 태우는 담대함의 불빛으로만 밝혀진다. 더 담대할수록 지혜에 더 가까워진다.

- 황금률서(Book of Golden Precepts)

37 단순하고 겸손하라

지극한 도는 스스로를 도라고 하지 않기에 그것이 도인 이유이다. 소인은 스스로 도를 이루었다고 긍정적으로 믿기에 그것이 도가 아닌 이유이다.

- 노자(老子, Lao Tse)

깨달음의 문지방을 겨우 넘은 사람은 도를 펼치겠다고 날뛴다. 완전한 깨달음을 얻고 나면 공연히 과시하는 짓을 그만둔다.

- 라마크리슈나(Ramakrishna)

신이 자기 영혼에 살아있음을 아는 사람만이 겸손할 수 있다. 그런 사람이 되어야만 타인의 평가에 아무런 관심을 두지 않는다.

- 톨스토이(Tolstoy, Leo)

오, 형제여, 오묘한 가슴은 거울과 같아서 사랑과 무심함으로 광이 나게 닦으면 실상의 태양이 마음을 환하게 밝히고 신성의 새벽이 밝아 오리라.

- 바하올라(Bahaullah)

3
장

		자	기	
			완	성

38 무심한 상태에 이른다

새벽이 오면 해가 뜬다는 것을 알리듯이 사람이 무심하고 순수하고
몸과 마음이 바르면 진리에 들 날이 다가왔다는 것을 알린다.

- 라마크리슈나(Ramakrishna)

사람은 빈손으로 왔다가 빈손으로 간다. 몸 가릴 옷 한 벌 갖췄으면
만족하고 살아가자. 부자가 되면 유혹과 덫에 빠져서 어리석고 인생
을 망치는 욕망에 휘둘리다가 자기를 파괴하고 지옥에 떨어진다. 돈
을 좇는 것은 모든 악의 근원이다.

- 티모테오(Timothy)

영적 자산을 얻기 위해 노력하는 데 기쁨이 생긴다. 이 세상의 부는
사라지지만 영적으로 얻은 보물은 영원하기 때문이다.

- 불설사천왕경(佛說四天王經, Sutra of the Four Heavenly Kings)

39

탐욕을 벗는다

세상은 욕망의 급류에 쓸려가는데 급류가 소용돌이칠 때는 안전한 땅이 없다. 지혜만이 안전한 뗏목이요 명상이 단단한 발판이다.

- 불설사천왕경(佛說四天王經, Sutra of the Four Heavenly Kings)

탐욕이 비통함을 낳고 탐욕이 두려움을 낳는다. 욕망에서 완전히 벗어나면 두려움도 모르고 슬픔도 모른다.

- 법구경(Dhammapada)

사람이 욕망의 멍에에서 떨어져 나오면 물방울이 연꽃잎에서 미끄러지듯 고통은 점차 떨어져 나간다.

- 법구경(Dhammapada)

일의 결과에 연연하지 않는다

몸을 가진 사람이 모든 행위를 절대적으로 무심하게 행하는 것은 불가능하지만 행위로 인한 결과물에 연연하지 않는 사람은 참으로 자기를 버린 사람이다.

- 바가바드 기타(Bhagavad Gita)

누군가 결과를 취할 생각 없이 선행을 할 때, 무엇을 바라는 야심과 악의는 그에게서 바로 떨어져 나간다.

- 불설사천왕경(佛說四天王經, Sutra of the Four Heavenly Kings)

집착 없이, 좋고 싫음 없이 일의 과실을 취하지 않는 사람이 바른 법에 따라서 행한 행위가 바로 빛으로 하는 일이다.

- 바가바드 기타(Bhagavad Gita)

41 욕망의 고삐를 잡아라

사람들은 칭찬받고 좋은 옷 입고 잘 먹고 잘살면 행복하다고 말들 한다. 나는 인간이 맛볼 수 있는 최상의 행복감은 아무것도 바라지 않는 상태라고 본다. 이런 최고의 행복에 가까이 가려면 소박한 삶에 익숙해져야 한다.

- 소크라테스(Socrates)

무엇을 갈망하는 삶을 사는 사람이 아니라 강이 고요한 바다로 스며들 듯 모든 욕망이 사라진 사람이 마음의 평화를 이룬다. 갈망에서 벗어나 사는 사람은 모든 욕망을 내려놓고 내 것이라고 주장할 수 있는 것은 바깥세상에도 없고 나 안에서도 없기에 내면의 평화를 찾는 삶을 사는 것이다.

- 바가바드 기타(Bhagavad Gita)

자유롭게 살고 싶은가? 그렇다면 욕망의 고삐를 잡는 법을 익혀라.

- 톨스토이(Tolstoy, Leo)

42 세상에 물들지 않고 산다

인간의 몸을 받아 이 세상에 태어날 때는 모르긴 해도 멋진 꿈에 낚인 것이다. 그물에서 풀려나기가 그물에 걸려들기보다 어려운 법이니 이 세상에 일단 들어왔다가 이 세상에 매이지 않는 것이 이 세상에 들어오는 것보다 어렵다.

- 라마크리슈나(Ramakrishna)

배는 물에 들어갈 수 있지만 물은 배에 들어가면 안 된다. 도를 구하는 자는 세상 속에서 살 수 있지만 이 세상은 그 도인 내면에 있을 자리가 없어야 한다.

- 라마크리슈나(Ramakrishna)

삶에 작별 인사를 지금 바로 해야 하는 것처럼 당신에게 아직 부여된 시간이 뜻밖의 선물이라고 여기고 살아라.

- 마르쿠스 아우렐리우스(Marcus Aurelius)

자기를 내려놓는다

깨달음은 그냥 수행하는 것보다 더 가치 있고, 집중은 깨달음보다 더 중요하지만 집중하면 도달하는 상태에 집착하지 마라. 내면의 평화는 무심해지면 바로 도달하는 상태이다.

- 바가바드 기타(Bhagavad Gita)

개인의 의식이 제삼자적 관점에서 자기를 관찰하다 보면 개인의 자아의식이 사라지면서 지켜보는 자와 행하는 자가 하나가 된다.

- 라마크리슈나(Ramakrishna)

오, 형제여, 오묘한 가슴은 거울과 같아서 사랑과 무심함으로 광이 나게 닦으면 실상의 태양이 마음을 환하게 밝히고 신성의 새벽이 밝아오리라.

- 바하올라(Bahaullah)

44 | 감각의 주인이 된다

보고 듣고 냄새 맡고 느끼는 자가 누구인지 꿰뚫어 보면 감각이 집착을 낳고, 집착이 욕망을 낳고, 욕망이 화를 낳고, 화가 망상을 낳고, 망상이 오해를 낳고, 오해가 세상을 바로 보지 못하는 사견(邪見)을 낳는다는 것을 알 수 있다. 사견에 떨어진 사람은 지옥에 떨어진다.

- 바가바드 기타(Bhagavad Gita)

자기 욕망을 제어하듯이 역경을 극복하기 위해 애써야 한다. 그렇지 않으면 욕망에 지배당하는 수모를 견뎌야 할 것이다.

- 소크라테스(Socrates)

처음에 죄는 영혼에게 낯선 존재이다. 그러다가 손님이 되고 사람이 죄에 길들여지면 죄는 집의 주인처럼 행세한다.

- 톨스토이(Tolstoy, Leo)

45 생각의 주인이 된다

마음은 제어하기 어렵고 가벼워서 자기 맘대로 달아나니 마음을 부릴 수 있게 되면 일생의 성취이다. 마음을 제어하게 되면 지복(至福)을 누린다.

- 법구경(Dhammapada)

마음이 요동치고 일관성이 없다면 스승이 잘 지도하고 현자가 곁에서 조언해줘도 아무 소용이 없다.

- 라마크리슈나(Ramakrishna)

사람 머리 위로 새가 날아가는 것을 막을 수는 없지만 사람 머리에 새집을 짓지 못하게 막을 수는 있다. 그처럼 마음속에 나쁜 생각이 스치지 못하게 할 수는 없지만 나쁜 생각이 마음속에 똬리를 틀고 알을 낳아 악행을 저지르지 못하게 할 힘은 있다.

- 루터(Luther, Martin)

46 │ 자신의 주인이 된다

나는 자신의 주인인데 자신 이외에 어떤 주인을 모시려 하는가? 스스로 자신의 주인이 된 현명한 사람은 세상을 밝히는 등불이다.

- 우다나바가(Udanavagga)

자신을 제어하지 못하는 사람은 권위에 순종해야 한다. 하지만 자신을 제어할 수 있지만 아직 어떻게 권위에 순종하는지를 모르는 사람도 있다.

- 니체(Nietzsche, Friedrich Wilhelm)

누가 현명한 사람인가? 누군가에게서 뭔가를 늘 배우는 사람이다. 누가 부자인가? 자기에게 주어진 몫에 만족하는 사람이다. 누가 강한 사람인가? 자기를 조절할 수 있는 사람이다.

- 탈무드(Talmud)

47 ㅣ 삶의 기본 원칙을 지켜라

인간 삶의 기본 원칙은 단순 명확하고 이해할 수 있기에 모른다는 핑계로 엉망인 자기 삶을 변명할 수 없다. 만약 사람이 자기 삶의 근본 원칙과 모순되는 삶을 산다면 이성을 거부하는 것이다. 실제로 그들은 그렇게 산다.

- 톨스토이(Tolstoy, Leo)

타인과 달리 올바른 사람은 자기 가슴에 거하는 자기 안의 천재인 양심을 속이는 법이 없다는 것이다.

- 마르쿠스 아우렐리우스(Marcus Aurelius)

영혼은 자기 자신의 목격자이자 자기 자신의 은신처이다. 그대의 영혼을 절대 무시하지 마라. 그대 안에서 그대를 지켜본 최고의 목격자이니까.

- 마누 법전(Laws of Manu)

포기할 수 없는 싸움

세상에서 가장 위대한 사람은 정복자가 아니라 자기 존재를 지배하는 사람이다.

- 쇼펜하우어(Schopenhaur, Arthur)

죄를 지으면서 자신에게 이렇게 비겁하게 말하지 마라. "나는 힘없어, 달리 어찌할 방도가 없어, 습관이 되었어." 살아가는 동안에 죄와 대결해 항상 이길 수는 없다. 오늘 아니면 내일 지고, 내일 아니면 모레 지고, 모레 아니면 죽기 전에 분명히 지게 된다. 하지만 시작부터 이 싸움을 포기하면 근본적인 삶의 의미를 포기하는 것이다.

- 톨스토이(Tolstoy, Leo)

악에게 굴복해 삶을 유지하느니 악과 싸우다가 사라지는 게 낫다.

- 정근경(精勤經, Padhama Sutta)

살아있는 존재에게 생각이나 말, 행위로 고통을 주지 않겠다는 생각
이 진심으로 우러나야 한다. 이것보다 더 고귀한 미덕은 없다. 모든
존재를 향해 이런 선한 태도에 도달한 사람의 마음보다 더한 행복은
없다.

- 비베카난다(Vivekananda)

4
장

사랑의
실천

49 사랑의 법칙

살면서 해야 하는 중요한 일은 사랑이다. 사람은 과거나 미래에 사랑할 수 없다. 현재, 이 시간, 이 시각에만 사랑할 수 있다.

- 톨스토이(Tolstoy, Leo)

형제여, 이 말은 명확히 하고 싶다. 우리는 신에게 다가갈 수 없지만 우리와 함께 살아가면서 사랑을 베푸는 사람을 통해 신을 느낄 수 있다는 것이다. 신은 우리가 신이 있을 것이라고 생각하는 그곳에 계시는 것이 아니라 우리 안에 계신다. 신은 우리에게 사랑을 베풀며 사랑 그자체이다. 그의 사랑으로 우리 이웃을 사랑할 수 있도록 하라.

- 앙투안 영적 치료사(Antoine the Healer)

만약 사람에 대한 사랑을 느끼지 못한다면 자기 내면 성찰에 힘을 쏟고 성실하게 일하고 타인의 삶에 간섭하지 말고 자주적인 삶을 살아야 한다.

- 톨스토이(Tolstoy, Leo)

50 사랑으로 행복을 찾는다

건강하게 살 수 있는 가장 확실한 방법은 다른 사람의 건강을 돌봐주는 것이다. 행복을 느낄 수 있는 가장 확실한 방법은 타인의 행복을 돌보는 것이다.

- 비베카난다(Vivekananda)

죽을 때, 돈이나 재산, 집을 잃을 때 후회할 이유는 하나도 없다. 이런 것은 모두 사람이 소유할 수 있는 것이 아니기 때문이다. 사람은 자신의 진정한 재산이자 가장 큰 행복인 사랑할 수 있는 능력을 잃을 때 아쉬워해야 한다.

- 톨스토이(Tolstoy, Leo)

자기 혼자만을 위해 살면 적으로 둘러싸여 살면서 각자의 행복은 자기 행복의 방해가 된다는 것을 느끼게 될 것이다. 타인을 위해 살면 친구에게 둘러싸여서 각자의 행복은 나의 행복이 된다는 것을 느끼게 될 것이다.

- 톨스토이(Tolstoy, Leo)

51 살아있는 모든 것을 사랑한다

힌두교, 불교, 유대교, 도교, 기독교, 이슬람교를 비롯해 모든 종교가
우리에게 가르치는 교훈은 살아있는 모든 것을 사랑하라는 것이다.
따라서 세상에서 가장 필요한 것은 사랑하는 법을 배우는 것이다.

- 톨스토이(Tolstoy, Leo)

모든 사람이 타인이고 자기 이외에는 다른 존재를 보지 못하며 다른
존재를 자기 욕망을 채우는 먹잇감이나 자기에게 걸림돌이 되는 유
령 같은 것으로 보는 사람은 죽을 때 전 세계가 사라지는 것을 볼 것
이다. 반면에 타인을 비롯해 살아있는 모든 것에서조차 자신을 보는
사람은 죽으면서 자기 삶의 나약한 부분만을 잃는다. 자기의식이 바
깥세상과 분리되었다는 환상을 깨고 나면 그 사람은 사랑했던 모든
것 속에서 계속 살아있게 된다.

- 쇼펜하우어(Schopenhaur, Arthur)

그 어느 존재에 대해서도, 행위로든, 생각으로든, 말로든 나쁜 짓을
하지 말아야 한다. 착한 마음으로 착하게 대해야 한다. 이게 선의 진
리이다.

- 마하바라타(Mahābhārata)

살생하지 마라

행복을 찾겠다고 노력하는 존재를 괴롭히거나 없앰으로써 자신의
행복을 얻으려고 노력하는 사람은 행복을 찾지 못할 것이다.

- 맛지마 니까야(Majjhima Nikāya)

나는 그들이고 그들이 나이기에 자신을 타인과 같은 존재로 보기 때
문에 현명한 사람은 살생 하지 않고 살생의 원인을 만들지 않는다.

- 숫타니파타(Sutta Nipata)

세상에서 존재에게 사장 귀한 것은 자기 자신이다. 이렇게 귀한 존
재인 자기 자신에 대한 사랑의 마음으로 어떤 존재도 죽이지 말고 괴
롭히지 마라.

- 상윳따 니까야(Saṃyutta Nikāya)

53 남을 해치지 마라

우리 몸에 그림자가 따라다니듯 이웃에게 행한 나쁜 짓은 그 행위자를 따라다닌다.

- 라마크리슈나(Ramakrishna)

누군가를 만날 때 이 말을 마음속으로 속삭이는 습관을 들여야 한다. "나는 나를 잊고 이 사람만을 생각하겠다."

- 톨스토이(Tolstoy, Leo)

살아있는 존재에게 생각이나 말, 행위로 고통을 주지 않겠다는 생각이 진심으로 우러나야 한다. 이것보다 더 고귀한 미덕은 없다. 모든 존재를 향해 이런 선한 태도에 도달한 사람의 마음보다 더한 행복은 없다.

- 비베카난다(Vivekananda)

남을 미워하지 마라

증오심으로 흥분하게 된 사람이 미운 사람의 가장 혐오스러운 점을
파고들어서 그의 가슴 깊은 곳까지 들어가 보면 크게 놀랄 수 있다.
그에게서 자신의 모습을 발견할 수 있기 때문이다.

- 쇼펜하우어(Schopenhaur, Arthur)

세상에서 증오가 증오에 의해 해소될 수는 없다. 증오는 사랑에 의해
서만 사리질 수 있다. 이것이 진리다.

- 법구경(Dhammapada)

우리를 증오하는 사람들을 증오하지 않고 행복하게 살 수 있게 하
라. 우리를 미워하는 사람들 사이에서 증오심 없이 살게 내버려두라.

- 법구경(Dhammapada)

55 화를 내지 말고 살자

지혜를 친구로 삼은 사람은 화를 내지 않는다.

- 불설사천왕경(佛說四天王經, Sutra of the Four Heavenly Kings)

화를 내는 사람한테 화를 내지 않고 대하는 사람은 자신뿐만 아니라 상대방에게 큰 위기를 부르지 않는다. 그야말로 그는 두 사람에게 의사 역할을 한다.

- 마하바라타(Mahābhārata)

무례하지 않고 진실하고 유익한 말을 하는 사람은 아무에게도 상처를 주지 않으니 그를 일러 군자라고 부르겠다.

- 법구경(Dhammapada)

56

내가 원하지 않는 것을
다른 사람에게 하지 마라

남이 해주기 바라는 것을 스스로 행하라.

- 라마크리슈나(Ramakrishna)

윗사람이 하지 말았으면 하는 행동은 아랫사람에게 하지 마라. 아랫
사람을 나무라는 일을 윗사람에게 하지 마라. 선배들이 한 것 중에 싫
었던 일을 후배들에게 하지 마라…. 오른쪽에서 받고 싶지 않았던 것
을 왼쪽으로 보내지 마라…. 이것을 행동의 규범으로 삼아라.

- 공자(孔子, Confucius)

내가 당하면 기분 나쁜 행동을 다른 사람에게 하지 마라. 이것이 법의
근본이다. 다른 법은 모두 개인의 주관적 선택에 달렸다.

- 마하바라타(Mahābhārata)

사회를 위해 봉사하라

그대가 자신의 의무를 수행하지 못하게 막을 수 있는 질병은 없다. 일을 해서 사람에게 봉사할 수 없다면 사랑과 헌신의 모범이 됨으로써 사람들에게 봉사할 수 있다.

- 톨스토이(Tolstoy, Leo)

사회를 위해 뭔가를 기여했는가? 그런 다음에 나 자신과 나의 이익을 위해 일하겠다. 이 진실을 마음에 새기고 쉬지 않고 일하겠다.

- 마르쿠스 아우렐리우스(Marcus Aurelius)

목숨이 끊어질 때까지 애쓰리라, 공동선에 기여하는 데 쉬지 않을 것이며 심지어 우리의 적까지도 포함해 모든 개인을 돕는 데 성실하게 재능을 발휘할 것이다. 나이가 많아도 은퇴하지 않고 시인 베르길리우스가 노래한 영웅들처럼 헬멧 아래 머리가 허옇게 셀 때까지 공공을 위해 복무하리라.

- 세네카(Seneca)

58

사람들과 화합하라

군자는 사람들과 화합하지만 부화뇌동하지 않고, 소인은 부화뇌동
하지만 사람들과 화합하지 못한다.

- 공자(孔子, Confucius)

진리를 따르는 제자들은 세상의 어느 누구와도 다투지 않아야 한다.

- 상윳따 니까야(Saṃyutta Nikāya)

사람들 사이에 불화의 씨앗을 심지 않도록 주의해야 한다.

- 바하올라(Bahaullah)

59 | 모든 사람을 존중하라

지위가 높고 돈 많은 사람들만 특별히 존중하자는 것이 아니라 가난하고 사회적 위치가 낮은 사람들에게도 똑같이 존중하는 태도로 대하라.

- 니체(Nietzsche, Friedrich Wilhelm)

군자가 생업에 종사하더라도 세상의 모든 사람을 자신의 형제처럼 대해 상대방을 존중할 줄 알아야 한다.

- 공자(孔子, Confucius)

지혜를 실천함에 있어서 사람은 서로 존중할 줄 알아야 한다.

- 노자(老子, Lao Tse)

사람이 품을 수 있는 가장 큰 기쁨은 에고에서 벗어나 자기 존재 자체가 자유, 깨달음, 사랑, 행복인 존재로 다시 태어나 자기 안에 신을 발견한 기쁨이다.

- 톨스토이(Tolstoy, Leo)

5
장

신은
만물을
주재하고
만물에
내재한다

60 우주의 근본

위를 쳐다보니 온 우주 공간이 하나인 것이 보였다. 아래를 보니 온
갖 물거품이 하나인 것이 보였다. 마음을 들여다보니 바다가 들어왔
고 수천 가지 꿈을 꾸는 사람들로 넘쳐나는 세상을 품는 공간이 펼쳐
졌다. 그 모든 꿈속이 하나인 것이 보였다.

- 루미(Rumi, Jalaluddin)

깨달으면 안과 밖이 하나가 되고 무지하면 만물로 나뉜다.

- 라마크리슈나(Ramakrishna)

의지는 우주의 영혼이다.

- 쇼펜하우어(Schopenhaur, Arthur)

61 모든 존재가 잉태된 그곳을 추구하라

무는 있음도 아니고 없음도 아니다. 너무 깊어 그 심연을 알 수 없는 그 바다는 어떤 바다인가?

죽음은 불멸도 아니고 멸함도 아니다… 그것은 하나였고 숨도 쉬지 않고 자기 영속성으로 존재했다. 그것 이외에는 아무것도 없었다.

태초에 어둠은 어둠 속에 몸을 숨기고 있는 한 덩어리 바다였다… 혼돈의 씨앗이 이 바다를 발견하고 거대한 그 바다의 에너지에 의해 태어난 하나가 바로 그것이다.

태초에 욕망이 움직이기 시작하고, – 욕망, 그 첫 씨앗이…

누가 이 소식을 알리? 이 창조가 몸을 푼 이래로 만물이 생겨났다. 누가 이것이 창조라고 선언할 수 있는가? 천지만물이 생겨나면서 신들은 이 땅에 존재하게 되었는데 그럼 이것이 어디서 태어났는지 그 누가 알 수 있을까?

천지만물의 창조가 잉태된 그곳에서 그가 이 판을 짰든 아니든 간에 저 위에서 태초의 기운 속에 이를 지켜본 그가 알지 않을까 –아마 그는 모를지도 모르겠다.

- 리그베다(Rigveda)

태초에 이 모든 것은 무였다. 무에서 유가 생겼다. 자기 스스로를 낳았다.

- 타이티리야 우파니샤드(Taittiriay Upanishad)

모든 존재가 잉태된 그곳을 추구하라. 존재하게 된 그곳에 의해 사람은 살아가고 그곳으로 되돌아간다…. 이 모든 존재는 기쁨에서 태어나 기쁨으로 살아가다가 기쁨으로 되돌아간다.

- 타이티리야 우파니샤드(Taittiriay Upanishad)

62 | 신은 알 수 없는 존재다

말로 표현할 수 없는 생각을 철학 공부에 기대어 설명하려는 시도는
바라나시 도시가 어떤지를 지도와 사진에 의지해 설명하려는 시도
와 같다.

-라마크리슈나(Ramakrishna)

인간의 분별지를 넘어서는 뭔가가 하늘과 땅이 생기기 전에 존재했
다. 그 고요함이 얼마나 깊었을까? 아무런 형태도 없이 텅 비어 있었
다. 홀로 존재하며 변화도 없었다. 미치지 않는 곳도 없었으며 사라
지지도 않았다. 우주의 자궁이라고 생각할 수도 있었다. 나로서는 그
이름을 알 수 없지만 굳이 이름 짓자면 도(道)라 부르리.

- 노자(老子, Lao Tse)

신을 가장 잘 말할 수 있는 사람은 안에 금은보화를 가득 쌓아두고도
침묵하는 법을 가장 잘 아는 사람이다.

-에크하르트(Eckhart, Meister)

146

63 | 신의 본질

그대가 신을 이해할 수 없다면 미와 선은 이해할 것이다. 존재 자체의 빛, 무엇과도 비교할 수 없는 아름다움, 누구도 흉내 낼 수 없는 그만의 선함은 알아볼 것이다.

-헤르메스(Hermes)

신에 합당한 이름은 없지만 사랑이라고는 부를 수 있다. 너무 위대하고 소중한 것을 사랑이라 부른다.

-안겔루스 질레지우스(Angelus Silesius)

사랑은 사방천지로 넘쳐 흐르고 별의 중심에서 찾을 수 있고 심해에도 있다. 사랑은 그 향기가 미치지 않는 곳이 없으며 모든 자연의 왕국을 살찌우며 전 우주에 균형과 조화를 유지한다.

-앙투안 영적 치료사(Antoine the Healer)

64

신의 현현(顯現)

시간은 신성한 에너지의 작용이 그냥 끊이지 않고 이어지는 것이다. 신성의 한 가지 속성이랄까 작용이라고 볼 수 있다. 공간은 신성의 확장이다. 신이 길이로, 너비로, 높이로 자신을 펼쳐내 보이는 것이다. 자신이 만든 것을 내보이는 것과 동시에 존재하는 것이 공간이다.

- 조르다노 브루노(Giordano Bruno)

도(道)는 우주로 흩어진다. 개울물이 모여 강물이 되고 바다로 흘러가듯이 모든 존재는 도의 품으로 돌아간다.

- 노자(老子, Lao Tse)

죽음이 다가오면 영혼만이 깨어서 감각 기관에서 빠져나와 눈에 보이는 몸을 벗은 그는 아무도 알아보지 못하는, 모든 존재의 영혼으로 회귀해 자기만의 빛을 우주로 펼친다.

- 마누 법전(Laws of Manu)

신은 두루 계신다

신과 자연은 하나이다.

- 스피노자(Spinoza, Baruch)

어디에서나 신을 만날 수 있고 어디에서나 그를 볼 수 있다. 일말의 기대도 걸지 않은 뜻밖의 장소에서도 시간에서도 볼 수 있고, 깨어 서도 자면서도 바다에서도 여행하다가도 낮에도 밤에도 말하다가 도 침묵을 지키다가도 볼 수 있다. 신의 표상이 아닌 것은 아무것도 없기 때문이다.

- 헤르메스(Hermes)

모든 몸뚱이를 살아내고 모든 시간을 가로질러 영원에 도달하라. 그 럼 신을 이해하게 될 것이다.

- 헤르메스(Hermes)

66 마음이 나의 주인이다

살아있는 모두에게 모습을 보이는 것은 하나이자 동일한 존재이다.

- 쇼펜하우어(Schopenhaur, Arthur)

마음공부를 하는 사람은 이것이 무엇인지, 마음의 실체는 무엇인지, 안에서 마음을 이끄는 것이 무엇인지 지켜보면서 이놈이 주인이고 운전자이고 나지도 죽지도 않는다는 것을 깨닫는다.

- 브리하다란야카 우파니샤드(Brihadaranyaka Upanishad)

하나의 영혼이 모든 분별력 없는 존재에게 있고 하나의 지성적인 영혼이 이성을 가진 모든 존재에 의해 공유된다.

- 마르쿠스 아우렐리우스(Marcus Aurelius)

67 신은 우리의 마음속에 있다

이제 생명은 자각할 수 있게 되었으니 우리 의식이 더 맑아지면 우리
안의 신을 드러내 보인다.

- 톨스토이(Tolstoy, Leo)

모든 자연이 드러내는 소식을 이해하고 모든 생각을 가슴으로 느끼
게 하라. 이는 하늘이 그 사람에게 임했으니 자연을 낳은 근본이 그
사람의 마음속에 들어선 상태라고 말할 수 있다.

- 에머슨(Emerson, Ralph Waldo)

너는 네가 찾아 헤매는 바로 그이다.

- 비베카난다(Vivekananda)

68 | 신은 그대 자신이다

자기 안에서 영성을 찾지 못한 사람은 밖에서도 결코 그것을 찾지 못할 것이다. 자기 영혼을 모신 육체라는 이 신전 안에서 신을 영접한 사람은 우주를 모신 신전 안에서도 신을 영접할 것이다.

- 라마크리슈나(Ramakrishna)

그 자체를 '나'라고 부르는 인간 존재의 본질, 인간 내면의 신비, 이와 같은 것을 표현할 수 있는 말이 있을까? 그것은 하늘의 호흡, 하늘이 인간에게 스스로를 내보이는 것이라고 할까? 이 몸, 이들 신체기관, 우리가 사는 이 생명이 이름 없는 그 존재를 감추는 의복이지 않을까?

- 칼라일(Carlyle, Thomas)

사람이 품을 수 있는 가장 큰 기쁨은 에고에서 벗어나 자기 존재 자체가 자유, 깨달음, 사랑, 행복인 존재로 다시 태어나 자기 안에 신을 발견한 기쁨이다.

- 톨스토이(Tolstoy, Leo)

69 신의 영원성은 아름답다

그대는 해요, 별이오, 행성이오, 온 우주입니다. 형태 없이 있는 것이나 형태를 갖춘 것, 보이는 것이나 보이지 않는 것 모두, 당신은 이 모든 것입니다.

- 비슈누 푸라나(Vishnu Purana)

나는 길 잃은 한 마리 양처럼 나의 바깥에서 내 안에 있는 것을 찾아 헤매었습니다. 세계의 이곳저곳 거리와 큰 도시를 돌아다니며 그대를 찾았지만 찾을 수 없었습니다. 그대를 제대로 찾지 않고 그대가 있는 곳에 가지 않았기 때문입니다. 그대는 제 안에 있는데 저는 그대를 제 밖에서 찾았습니다. 그대는 가까이 있었는데 저는 그대를 멀리서 찾았습니다. 제가 그대가 계신 곳에서 찾았더라면 그대를 곧바로 찾았을 것입니다.

- 아우구스티누스(Augustine, Saint)

당신의 피조물을 통해 나는 신의 영원성이 얼마나 아름다운지를 발견했습니다.

- 헤르메스(Hermes)

70 자신을 신성하다고 여기면 신성한 사람이 된다

자기 자신의 주인인 영혼을 제외하고는 아무도 자신의 진면목을 볼
수 없다.

- 에크하르트(Eckhart, Meister)

사람은 자신을 완전히 내려놓고 도와 하나가 되었을 때 도인이 된다.

- 노자(老子, Lao Tse)

스스로를 불완전하고 세속적인 영혼이라고 여기면 그 사람은 정말
불완전하고 세속적인 영혼인 것이다. 자신을 신성하다고 여기면 신
성한 사람이 된다. 사람은 자신을 어떤 사람이라고 생각하든 생각하
는 대로 그 사람이 된다.

- 라마크리슈나(Ramakrishna)

71

창조된 신

자기가 최고의 신임을 아는 사람은 최고의 신이 된다. 신들도 그가 최고의 신이 되지 못하게 막지 못한다… 다른 신학을 떠받드는 사람은 이런 소식을 모른다. 그 사람은 신들에게 봉헌되는 소와 같다. 수많은 소가 사람의 배를 채우는 데 제공되듯이 사람도 신들에게 바치는 제물이 된다… 그런 연유로 신들은 사람들이 이런 소식을 아는 것을 반기지 않는다.

- 브리하다란야카 우파니샤드(Brihadaranyaka Upanishad)

사람은 사원에 모시고 숭배하는 신을 만든 창조자이다. 따라서 인류는 인간 자신의 형상대로 이런 신들을 창조했다.

- 헤르메스(Hermes)

인간은 신들을 비교하지 말아야 한다. 어떤 사람이 신성을 정말로 찾게 되면 모든 신성은 하나이자 동일한 브라만이 모습을 드러내 보인 것이다.

- 라마크리슈나(Ramakrishna)

72

사람은 신성한 존재다

사람보다 더 나은 자리는 없다. 신들 자신도 이 땅에 내려와서 사람의
몸을 받아야 구원을 받게 될 것이다. 사람만이 신들 자신도 알지 못하
는 완성의 자리로 갈 수 있다.

- 비베카난다(Vivekananda)

우주에 오직 하나의 사원이 있는데 그것이 바로 인간의 몸이다. 이 고
귀한 형상보다 더 신성한 것은 없다. 사람에게 절하는 것은 인간의 몸
에 깃든 이런 깊은 뜻을 존중하는 행위이다. 우리가 사람 몸에 손을
대는 것은 하늘에 손을 대는 행위이다.

- 노발리스(Novalis)

인간의 내면에는 우아일체(宇我一體)의 영혼이 있다. 생각이 끊어진
자리, 모든 조각 조각이 대등하게 연결되어 영원한 하나로 만나는 우
주적 경사(慶事)가 이루어진다.

- 에머슨(Emerson, Ralph Waldo)

영적 존재로 다시 태어나는 사람은 누구나 감각 인지 과정이 있는 그
대로 느껴지고 보는 행위와 보는 자가 하나가 되어서 내면에 잔잔한
기쁨이 일어나면서 편안함, 몰입감, 행복감이 차오른다.

- 헤르메스(Hermes)

6
장

신 성 의

승 리

73

악의 뿌리

진리는 모든 사람의 내면에 있지만 모든 사람은 진리에 머물지 않는
다. 인간의 고통은 여기서 비롯된다.

- 라마크리슈나(Ramakrishna)

욕망이 모든 악의 가장 깊은 뿌리이다. 욕망에서 인생의 괴로움이 시
작된다.

- 팔리어 경전(Pali Canon)

지옥은 어느 누구에 의해 창조되지 않았지만 어떤 사람이 악행을 저
지르면 스스로 지옥의 불을 밝혀 자신이 피운 불구덩이 속에서 타죽
는다.

- 무함마드(Mohammed)

영적 진화

사람은 영적 진화를 이루어야 하고 이룰 수 있다. 이는 외부 환경의 변화에 의해서가 아니라 영혼 속의 자신을 깨달을 때 가능하다. 이런 영적 진화는 언제 어디서나 가능하다.

- 톨스토이(Tolstoy, Leo)

우리 안에 있는 짐승의 마음을 모두 없애려고 노력하자. 그래야 내면에 잠재된 인간의 마음이 저절로 드러날 것이다.

- 바하올라(Bahaullah)

마법사의 돌에 의한 연금술로 철이 금으로 일단 바뀌면 그 금은 땅속에 묻혀 있거나 똥 구덩이 속에 던져 놓거나 간에 항상 금이지 철의 상태로 되돌아가지 않는다. 단 한 차례라도 사랑의 연금술로 가슴에서 신과 합일한 경험을 한 사람은 세속의 풍파를 겪으며 살든지 숲속에서 혼자 수행하든지 간에 그 무엇도 다시 그를 욕망에 물들게 할 수 없다.

- 라마크리슈나(Ramakrishna)

75

마음을 닦는다

때가 낀 거울은 햇빛을 잘 반사하지 못하듯이 깨끗하지 않고 순수하지 못한 가슴은 무명(無明)에 빠져서 진리의 세계를 인지하지 못한다. 깨끗한 거울이 해를 비출 수 있는 것과 같이 가슴이 순수해지면 진리를 볼 수 있다.

- 라마크리슈나(Ramakrishna)

이 세상에 몸담고 살아도 나는 진흙탕에서 나고 자랐지만 거기에 물들지 않는 연꽃을 닮겠다.

- 42장경(四十二章經, Sutra in Forty-two Articles)

마음을 깨끗이 비우면 신을 보게 될 것이다. 그대 몸을 신전으로 바꾸고 그대에게서 악한 생각을 버리고 그대의 의식하는 영혼의 눈으로 신을 관조하라.

- 바마나(Vamana)

진리로 가는 길을 선택한다

악의 뿌리는 무엇인가? 욕망, 싫음, 무지이다. 선의 뿌리는 무엇인가?
욕망, 싫음, 무지로부터의 해방이다.

- 맛지마 니까야(Majjhima Nikāya)

사람의 내면에는 이상과 열정이 서로 싸운다. 열정 없이 이성이 지배
하거나 이성 없이 열정이 지배하면 일정한 평화가 찾아온다. 하지만
둘 다 갖고 있기에 전쟁을 치르게 되는데 다른 것과 싸우지 않고 하
나만으로 평화를 누릴 수 없기 때문이다. 따라서 사람은 항상 하나가
되지 못하고 자신과 싸우는 상태에 있다.

- 파스칼(Pascal, Blaise)

왔다가 사라지는 시간 너머 언어가 끊기면 진리의 세계가 지배한다.
지금 여기에 살면서 평화의 나라로 관통한 사람은 행복이 넘친다.

- 우다나바가(Udanavagga)

77 오늘을 산다

누군가 말했다. "아들을 다 키워서 장가를 보내고 생계 책임에서 벗어나면 속세를 벗어나 요가 수련을 하겠습니다." 그에게 신이 대답했다. "너에게 요가 수련에 적합한 시기는 결국 오지 않을 것이다. '애들이 저를 끔찍이 따르고 저 없이는 아무것도 못합니다'라고 말할 테니까. 나중에 손자도 보고 싶고 또 손자가 결혼하는 것도 분명히 보고 싶을 것이다. 네 욕망은 결코 끝이 없을 것이다."

- 라마크리슈나(Ramakrishna)

나쁜 습관을 고치려면 내일로 미루기보다 오늘 하는 게 더 쉽다.

- 공자(孔子, Confucius)

지금이 가장 소중한 순간이다. 정신력을 하나로 집중해서 이 순간이 그대에게서 달아나지 못하게 막아라.

- 톨스토이(Tolstoy, Leo)

78

삶이냐 죽음이냐

죄는 다른 게 아니라 신을 외면하고 죽음을 향해 고개를 돌리는 행위를 말한다.

- 안겔루스 질레지우스(Angelus Silesius)

어리석은 사람은 부질없는 욕망을 좇다가 그들에게 활짝 열린 죽음의 덫에 빠지지만 현명한 사람은 서천의 구름 같은 물질을 추구하지 않고 영원불멸의 진리에 집중한다.

- 카타 우파니사드(Katha Upanishad)

이 땅에서 태어난 사람아, 불멸을 얻을 기회가 주어졌는데도 왜 죽음에 굴복하는가? 잘못된 길을 걸어서 무지 속에 힘을 잃은 사람아, 파멸로 가는 길에서 벗어나 죽음의 길을 버리고 자신을 찾고 진리로 가는 길에 동참하라.

- 헤르메스(Hermes)

영적 존재로 다시 태어난다

해방되는 길은 오직 하나뿐이니 소멸하는 삶은 버리고 죽음이 없는 삶을 사는 것이다.

- 톨스토이(Tolstoy, Leo)

영적 존재로 다시 태어나는 사람은 누구나 감각 인지 과정이 있는 그 대로 느껴지고 보는 행위와 보는 자가 하나가 되어서 내면에 잔잔한 기쁨이 일어나면서 편안함, 몰입감, 행복감이 차오른다.

- 헤르메스(Hermes)

우리 안에 오래된 존재를 어떻게 정복할 수 있을까? 꽃이 열매를 맺 으면 꽃잎은 저절로 떨어지듯이 신성이 내적으로 꽉 차오르면 인간 본성의 모든 약점이 자연스럽게 사라진다.

- 라마크리슈나(Ramakrishna)

80 완전한 합일

영혼이 이 상태에 도달하면 자기 자신을 버리고 신성의 깊은 바다로 침잠한다. 이런 말을 할 수 있다. "신이 내 안에 있고, 내 바깥에도 있고, 내 주위 어디에나 있으며 그는 나에게 모든 것을 대체했다. 나는 오직 그만 알고 그 밖의 것은 아무것도 모른다."

- 타울러(Tauler, Johannes)

강이 바다로 흘러 들어가면 그 이름과 형상을 벗어버리듯이 현인은 이름과 몸을 잃어버리고 신성 속으로 사라지고 그 자신이 신성이 된다.

- 문다카 우파니샤드(Mundaka Upanishad)

묶인 영혼은 사람이고 자유로워지면 신이다.

- 라마크리슈나(Ramakrishna)

81

완전한 평화

사람이 우주의 무한한 존재와 하나가 된 것을 보면 모든 칸막이는 사라지고, 모든 남자와 여자, 천사, 신, 동물, 식물을 비롯한 온 우주가 이 하나 속으로 사라지는데 그때 모든 두려움이 사라진다.

- 비베카난다(Vivekananda)

그에게 정의와 불의가 동등하고 앎과 무지가 같은 가치를 가진다. 개인 인격과 욕망이란 새장을 깨고 불멸의 날개를 저어서 영원한 하늘을 향해 날아가기 때문이다.

- 바하올라(Bahaullah)

펠리컨과 같은 물새는 파도 속으로 잠수할 수 있지만 날개가 물에 젖지 않듯이 자유로운 영혼은 이 세상에 살지만 세파에 물들지 않는다.

- 라마크리슈나(Ramakrishna)

완전한 앎

깨달은 자에게는 모든 자연이 아름답게 변하고 지혜의 책을 펼쳐 보인다. 그들은 알기 위해 책에 의지할 필요가 없을 것이다. 그들의 자기 생각이 그들의 책이 되고 무한한 지식을 담게 될 것이다.

- 비베카난다(Vivekananda)

영원과 하나가 되면 그는 빛의 존재가 되어 몸과 물질계를 벗어나 순수한 존재가 되고, 모든 고통과 죄에서 벗어나고, 알고자 하면 알게되고 하고자 하면 할 수 있는 존재가 되어서 영원한 세계에서 온 존재들과 소통할 수 있게 된다.

- 이샤 우파니샤드(Isha Upanishad)

진리와 빛의 안내를 받아서 궁극의 여행을 마친 그대에게 평화를!

- 바하올라(Bahaullah)

그러고 싶겠지만 인간은 인류의 삶과 분리된 자기만의 삶을 살 수 없다. 그러므로 그대는 사람 속에서, 사람들에 의해서, 사람들을 위해서 산다.

- 마르쿠스 아우렐리우스(Marcus Aurelius)

7장

불멸과
존재의
법칙

83 | 죽음

죽음은 내게 새로운 상태로 변화를 가져오게 되면 나는 이 세상과는 기이한 방식으로 분리되어 다른 존재가 될 것이다. 그럼 기존의 세계는 거기 사는 사람들에게 아직 그대로겠지만 나에게 딴 세상이 될 것이다.

- 톨스토이(Tolstoy, Leo)

우리 삶의 현재 꿈이 끝나면 새로운 꿈이 그 뒤를 잇겠지만 그곳에서 우리 삶과 죽음은 우리가 알 길이 없다.

- 쇼펜하우어(Schopenhaur, Arthur)

어떤 것과 그것의 진화는 한 꿈의 이미지와 같다… 그 꿈이 이어지는 한 이 세상의 모든 것은 우리에게 실재하는 것으로 보인다. 그 꿈에서 깨어나면 그 세상은 더는 존재하지 않는다.

- 샹카라(Shankara, Adi)

불멸

인간은 불멸이라고 우리에게 말하는 목소리가 우리 안에 있는 신의
목소리이다.

- 파스칼(Pascal, Blaise)

각자 가슴속에 실제 거하는 장소가 있는 신을 가슴으로 체험하고 이
해하는 사람은 영원한 생명을 얻는다.

- 스베타스바라타 우파니샤드(Shwtashwatara Upanishad)

자기 안에서 우주 전체를 보고 모든 것에서 자기를 본 사람은 더 이상
미혹에 빠지지 않는다.

- 이샤 우파니샤드(Isha Upanishad)

85 존재의 영원성

"무슨 일이 벌어질 것인가"라는 질문은 시간에 관한 질문이다. 영혼은 시간 바깥에 있다. 영혼은 존재해온 것도 아니고 존재하지 않을 것도 아니라 항상 있는 것이다. 존재하지 않았더라면 무(無)가 있을 것이다.

- 톨스토이(Tolstoy, Leo)

원자 하나도, 먼지 한 톨도 무(無)가 될 수 없다. 그런데도 사람은 죽음이 그의 존재를 멸한다고 믿는다.

- 쇼펜하우어(Schopenhaur, Arthur)

신의 생각은 우주의 운동이다. 어느 때나 존재는 소멸할 수 없다. 그 말은 어느 존재나 신의 일부이다. 신은 모든 존재를 포함하기 때문이다. 무(無)는 신의 바깥이고 신은 무(無)의 바깥이다.

- 헤르메스(Hermes)

86 | 존재는 하나다

이 세계는 하나의 공화국이고 이 공화국의 모든 시민은 다 같은 인간으로 동등하다.

- 에픽테토스(Epictetus)

사람은 그와 같은 사람에게서 자신의 모습을 발견할 때에만 그의 삶을 이해한다.

- 톨스토이(Tolstoy, Leo)

기독교에서는 말한다. "네 이웃을 네 몸과 같이 사랑하라." 나는 이렇게 말한다. "네 이웃은 네 자신이고 모든 사람은 실제로 하나이고 본질이 같다는 점을 인식하라."

- 쇼펜하우어(Schopenhaur, Arthur)

87 인간은 근본적으로 동등하다

사람이 세상에서 자기보다 위인 사람은 아무도 없다고 믿는다면 옳은 생각이지만 세상에 자기보다 아래인 사람은 한 사람 있다고 생각한다면 잘못된 생각이다.

- 톨스토이(Tolstoy, Leo)

누가 힘이 더 세거나, 다른 사람보다 키가 더 크거나, 더 똑똑하거나, 더 용감하거나, 더 현명하거나, 더 잘났기 때문에 사람은 동등한 존재가 아니라고 생각한다면 그럴 수 있다고 이해한다. 이런 특성에 따라 사람을 일반적으로 구별하는 것은 아니다. 누구는 백작이라 부르고 누구는 소작농이라 부르며, 누구는 비싼 옷을 입고 누구는 나막신을 신기 때문에 사람이 동등한 것이 아니라고 여긴다.

- 톨스토이(Tolstoy, Leo)

자부심만큼 사람의 편을 가르는 것은 없다. 그것이 개인의 자부심이든 가문이나, 계층, 나라의 자부심이든 가리지 않는다.

- 톨스토이(Tolstoy, Leo)

88 모든 것은 상호 의존적이다

모든 것은 서로 연결되어 있고 관계가 없는 것은 아무것도 없다. 모든 존재는 서로 조응(照應)하고 모두는 세계를 조화롭게 하는 데 기여한다.

- 마르쿠스 아우렐리우스(Marcus Aurelius)

늘 가슴에 이 생각을 품고 살아야 한다. 나는 한 사람이고 사람의 관심을 끄는 것 중에 낯선 것은 하나도 없다. 우리는 인류의 일원이다. 우리 사회는 서로를 지탱하는 한 도로의 보도블록을 닮았다.

- 세네카(Seneca)

그러고 싶겠지만 인간은 인류의 삶과 분리된 자기만의 삶을 살 수 없다. 그러므로 그대는 사람 속에서, 사람들에 의해서, 사람들을 위해서 산다.

- 마르쿠스 아우렐리우스(Marcus Aurelius)

부
록

세계의

경전,

세계의

현자

세계의 경전
___

• 나라다 수트라(Narada Sutra)

힌두교의 나라다 박티경(Narada Bhakti Sutra)이라고 번역된다. 힌두교의 성자인 나라다(Narada)의 가르침으로 알려진 힌두교의 경전으로 박티(Bhakti)를 통한 신과의 합일하는 수련법을 전한다. 신성에 헌신, 사랑을 의미하는 박티(Bhakti)가 무엇인지, 가슴으로 신성과 합일하는 수련 방법은 어떤 것이 있는지 알려주는 힌두교의 주요 경전이다.

• 대반열반경(Mahāparinibbāna Sutta)

《대반열반경》(大般涅槃經, Mahāparinibbāna Sutta)은 불교의 경전으로, 석가모니 부처의 열반 전후의 이야기를 기록한 상좌부 불교의 열반경과 대승 불교의 열반경 두 가지가 있다. 고타마 붓다의 입멸(入滅) 전후의 과정이 기록되어 있으며 붓다가 전한 다르마(Dharma, 法: 사성제(四聖諦, 고(苦).집(集).멸(滅).도(道))와 팔정도((八正道, 바른 견해(正見), 바른 사유(正思惟), 바른 말(正語), 바른 행위(正業), 바른 생활(正命), 바른 노력(正精進), 바른 마음챙김(正念), 바른 선정(正定)를 깨쳐 해탈에 이르는 법)의 요지가 무엇이며 승가 교단이 불법을 어떻게 공부하고 전해야 하는지를 알려준다.

• 리그베다(Rigveda)

인도 브라만교와 힌두교 경전의 하나로 인도의 가장 오래된 문헌이
며 인도 신화의 근원을 이룬다. 10권 1,028의 시구(詩句)로 되어 있으
며, 인드라(신의 왕이자 천둥과 비의 신), 아그니(불의 신), 바루나(우주 질서
의 신) 등 자연신 숭배의 찬미가를 중심으로 혼인·장례·인생에 관한
노래, 천지 창조의 철학시(哲學詩) 등을 포함하고 있다.

• 마누 법전(Laws of Manu)

고대 인도의 법전으로 산스크리트어의 운문(韻文)으로 쓰인 12장
2,684조(條)로 이루어져 있다. 기원전 200년~기원후 200년에 완성
된 것으로 인도의 카스트 제도, 남녀 역할 등 사회적 구조, 민법이나
형법, 의례나 제사, 일상 행사 등 인도인의 생활 전반을 규정한 법전
이다.

• 마하바라타(Mahābhārata)

《라마야나》, 《바가바탐》과 함께 인도의 3대 고대 서사시 가운데 하
나이다. 쿠루 왕국의 왕 산타누의 후손인 판다바 형제들과 두료다나
형제 간의 전쟁을 주요 줄거리로 왕들과 영웅들의 이야기에 인도의
신화를 함께 엮어 넣었다. 이야기의 전개를 통해 힌두교의 기본 교의

인 다르마(法)와 카마(감각적 쾌락), 아르타(세속적 욕망), 모크샤(해탈) 등의 의미를 설명한다.

· 맛지마 니까야(Majjhima Nikāya)

팔리 경장(Sutta Piṭaka) 5부(Pañca Nikāya, 五部) 중 두 번째 묶음으로, 중간 길이의 경을 모은 것이다. 팔리어로 '맛지마(Majjhima)'는 '중간'이라는 뜻이다. 고타마 붓다와 제자들이 나눈 대화로 이루어져 있으며 붓다의 근본 깨달음의 요지와 명상 공부법을 자세히 일러준다.

· 문다카 우파니샤드(Mundaka Upanishad)

우파니샤드의 주요 경전 중 하나로 힌두 철학과 수행법에 관한 이론적 기반을 형성한다. 아타르다 베다의 일부로 힌두 형이상학의 개념을 설명한 핵심 경전으로 알려져 있으며 우주의 실체와 인간 존재의 궁극적 목적이 무엇인지를 밝힌다. 현자 사탸바하와 학생 샤우나카가 문답을 통해 힌두 철학의 형이상학과 형이하학을 설명하는데, 아트만과 브라만이 무엇이고 어떤 수행법을 통해 해탈에 이를 수 있는지를 밝힌다.

· 바가바드 기타(Bhagavad Gita)

《마하바라타》 속에 편입되어 있는 하나의 시편(詩篇)으로 신에게 바치는 700편의 운문(gita)이다. 전쟁에 참여해 골육상쟁의 아픔으로 고뇌하는 아르주나 왕자와 크리슈나 왕(비슈누 신의 화신) 사이의 문답으로 이루어져 있다. 결과에 집착하지 않고 지금 해야 할 의무를 다하는 것이 법(다르마)임을 밝히면서 해탈에 이르는 세 가지 길(카르마 요가, 박티 요가, 즈나나 요가)과 아트만과 브라만이 무엇인지를 알려주며 집착 없이 마음의 평화를 얻는 길을 안내하는 경전이다.

• 바마나(Vamana)

힌두 신화에 나오는 힌두교 3대신 중 우주 유지를 담당하는 비슈누(Vishnu)의 제5의 현신(avartar). 악마의 제왕 발리(Bali)가 세상을 지배할 때 바마나가 난쟁이 브라만의 모습으로 나타나 우주 질서(다르마)를 회복한다고 한다. 바마나(Vamana)는 산스크리트어로 '난쟁이'를 뜻한다.

• 법구경(Dhammapada)

인도의 다르마트라타(Dharmatrata, 法救)가 편찬한 불교의 경전으로 고타마 붓다 사후 삼 백년에 여러 경로를 거쳐 기록된 붓다의 말씀을 묶어 만들었다고 한다. 불교 수행자가 지녀야 할 덕목에 대한 경구로 이루어져 있다. 알아차림(사띠)과 삼매(사마디)의 중요성을 강조하며 마음수행을 통해 마음의 평화와 해탈로 가는 공부법을 비롯해 수행자가 지켜야 할 계율을 알려주는 경전이어서 일반인들도 자기 수행의 근본으로 삼을 수 있는 가르침을 얻을 수 있다.

• 불설사천왕경(佛說四天王經, Sutra of the Four Heavenly Kings)

불법을 수호하는 사천왕(四天王)의 책임과 역할을 설명하는 불교 경전이다. 사천왕은 사방을 지키는 신으로, 동방 지국천(持國天), 남방 증장천(增長天), 서구 광목천(廣目天), 북방 다문천(多聞天)으로 불린다. 원래는 인도에서 신화시대부터 호세신(護世神)으로 존재하였으나 불교에 수용되어 호법신(護法神)이 되었다.

• 브리하다란야카 우파니샤드(Brihadaranyaka Upanishad)

힌두교의 최초 우파니샤드 경전 중 하나로 다양한 힌두교 학파의 주요 경전으로 꼽히며 묵티카(Muktika) 또는 '108 우파니샤드의 정경'에서 10번째이다. 《브리하다란야카 우파니샤드》는 브라만과 아트만의 개념, 아트만과 브라만이 하나가 되는 해탈(moksha)과 같은 베단타 철학의 근본 개념을 설명한다. 브라만이 무엇인지 깨닫기까지 자신의 이해하는 바를 말로 아무리 설명해도 '아니다(neti, neti)'라고 반박하는데 이는 브라만은 언어와 개념의 틀로 가둘 수 없다는 것을 강조한다.

• 비나야 피타카(Vinaya Piṭaka)

상좌부 불교(上座部佛教, 팔리어 경전을 근본으로 하는 불교의 한 분파)에서 팔리어 삼장(三藏) 중 율장을 말한다. 팔리어 삼장은 비구와 비구니들이 지켜야 할 계율을 정리한 율장(律藏, Vinaya Piṭaka), 붓다의 설법을 모은 경장(經藏, Sutta Piṭaka), 불교 철학을 논리적으로 풀어 쓴 논장(論藏, Abhidhamma Piṭaka)으로 구성된다. 그중 율장은 비구와 비구니를 포함한 승가 교단을 유지하기 위해 지켜야 할 계율을 정리한 것이다. 율장은 3부로 구성되어 있다. 비구와 비구니가 지켜야 할 계율 조항과 해설인 경분별(經分別, Sutta Vibhanga), 승가 교단 운영상 지켜야 할 사항과 해설인 건도부(犍度部, Khandhaka), 경분별과 건도부의 부대사항을 정리한 부수(附隨, Parivara)로 구성된다.

• 비슈누 푸라나(Vishnu Purana)

힌두교의 경전 중 하나로 '18 마하푸라나' 중의 하나이다. 《비슈누 푸라나》는 가장 중요한 푸라나 중의 하나로 여겨지고 있기 때문에 '푸라나 중의 보배'라는 뜻인 푸라나라트나(Puranaratna)라고도 불린다. 파라사라(Parashara)와 그의 제자 마이트레야(Maitreya, 미륵) 간의 대화로 이루어져 있으며, 6부(部)로 나뉘어 있다. 주로 다루고 있는 내용은 창조 신화, 아수라들(Asura, 신과 인간의 반신)과 데바들(Deva, 악

신) 간의 전쟁 이야기, 비슈누의 아바타들에 대한 내용, 전설적인 왕
들의 계보와 이들에 대한 이야기이다.

•상윳따 니까야(Saṃyutta Nikāya)
팔리 경장(Sutta Piṭaka) 5부의 세 번째 묶음으로 짧은 길이의 경을 모은
것이다. 팔리어 상윳따(saṃyutta)는 '주제에 따라 묶인'이라는 뜻이다.
한역본(漢譯本)으로는《잡아함경(雜阿含經)》등이 있는데,《상윳타 니
까야》와는 구성이 다르다. 붓다와 출가자 제자 및 재가자 신자들과
의 문답을 주제별로 묶은 것으로 붓다의 근본 가르침과 수행법을 배
우는 이의 근기에 맞게 깨우칠 수 있게 설명되어 있다.

• 스베타스바타라 우파니샤드(Shvetashvatara Upanishad)
야쥬르베다의 일부로 구성되는 고대 산스크리트 경전으로 묵티카
(Muktika) 또는 '108 우파니샤드의 정경'에서 14번째이다.《이샤 우파
니사드》와 같이 정리가 잘된 '백' 야쥬르베다와 달리《스베타스바타
라 우파니샤드》는 정리가 잘되지 않은 '흑' 야쥬르베다의 일부이다.
힌두교 철학과 영적 가르침을 이해하는 데 중요한 경전으로 어려운
철학적 주제를 설명하는 데 도움이 되도록 시적이고 비유적인 표현
을 많이 사용한다.

• 숫타니파타(Sutta Nipata)

불경 가운데 가장 먼저 결집된 경으로 초기 경전을 대표하는 경이다. 숫타(sutta)는 팔리어로 경(經)이란 말이고 니파타(nipāta)는 모음(集)이란 뜻으로 부처의 설법을 모아놓은 것이다. 이 경전은 어느 한 사람의 저자가 쓴 것이 아니고, 붓다 사후에 제자들이 모여 붓다의 설법을 운문 형식으로 모음집을 구성한 이후 전래했다고 한다.

• 시경(詩經, Shih Ching)

중국 최초의 시가집이다. 서주 말기에서부터 동주에 걸쳐(기원전 9세기~7세기) 완성된 시집으로 305편이 수록되어 있다. 공자가 문하의 제자를 교육할 때, 주나라 왕조의 정치적 형태와 민중의 수용 태도를 가르치고 문학·교육에 힘쓰기 위하여 편집한 것으로 알려져 있다.

• 앙굿따라 니까야(Aṅguttara Nikāya)

팔리 경장(Sutta Piṭaka) 5부 중 네 번째 묶음으로 짧은 길이의 경을 모은 것이다. 2,308개의 경이 11장(nipāta, 章)으로 나뉘어 있는데, 각 장의 숫자와 관련된 내용으로 정리되어 있다. 각 장은 다시 10개의 품(品)으로 나뉜다. 한역본(漢譯本)은 동진(東晉)의 승가제바(僧伽提婆)가 한역(漢譯)한 《증일아함경(增壹阿含經)》이다.

•우다나바가(Udanavagga)

깊은 명상 상태에서 터져 나오는 '깨달음의 소리'를 '우다(Uda)'라고 하고 '우다나바가(Udanavagga)'는 '게송', '게송 모음집'을 말한다. 상좌부 불교 팔리 경장 중 하나인 《쿳다야 니까야(Khuddaka Nikāya)》에 들어 있는 붓다의 게송(揭頌) 모음집이다. 8장으로 구성되어 있으며, 각 장에는 붓다의 깨달음을 전하는 핵심 가르침과 경험을 간결하고 시적인 표현으로 전한다.

•이샤 우파니샤드(Isha Upanishad)

힌두교의 중요한 경전 중 하나로 우파니샤드의 일부다. 이 경전은 정리가 잘 된 '백' 야주르베다에 속하며, 주로 존재의 본질, 궁극적인 신리, 그리고 인간의 삶과 목적에 대해 깊이 있는 통찰을 제공한다. 이샤(Isha)는 궁극적 존재를 지칭하는 '왕', '주인'을 뜻하는데, 이 경전은 이 궁극적 존재가 우주 만물 속에 내재하고 있다는 철학을 담고 있다.

•자타카말라(Jatakamala)

산스크리트어 자타카(Jataka)는 '탄생 이야기'를 뜻한다. 고타마 붓다가 윤회한 수많은 전생 이야기를 엮은 경전이다. 깨달음을 얻은 붓다가 전생을 모두 기억하는 숙명통을 발휘해 자신의 전생 이야기를 통해 카르마와 윤회에 관한 교훈을 들려준다. 이를 통해 인과법이 어떻게 작용하는지 알려주고, 깨달음을 얻으려면 중생을 구제하겠다는 보살의 마음으로 인생을 살아야 한다는 교훈을 심어준다.

• 정근경 (精勤經, Padhama Sutta)

상좌부 불교의 팔리 경장 중에서 맛지마 니까야(Majjhima Nikāya)에 주로 나오는 경전이다. 고타마 붓다가 제자들에게 명상과 마음수행에 있어서 알아차림(sati)의 중요성을 강조한다. 수행자는 자기 생각과 감정, 행동을 늘 알아차리고 계율을 따르며 자기에게 엄격하고 타인에게 자비로워야 한다고 가르친다.

• 카타 우파니샤드(Katha Upanishad)

야쥬르베다의 일부로 구성되는 고대 산스크리트 경전으로 묵티카(Muktika) 또는 '108 우파니샤드의 정경'에서 3번째이다. 총 2장(adhyayas)과 112구절(shlokas)로 구성되어 있다. 현자 바자스라바사(Vajashravasa)의 아들인 주인공 나치케타(Nachiketa)가 구도의 길에서 야마(Yama, 염라대왕)를 만나서 나눈 문답이 이 경전의 내용이다. 나치케타는 문답을 통해 인간, 앎, 아트만, 브라만, 해탈이 무엇인지를 깨닫게 된다.

• 타이티리야 우파니샤드(Taittiriay Upanishad)

야쥬르베다의 일부로 구성되는 고대 산스크리트 경전으로 타이티리야 학파(Taittirīya school)와 관련이 있으며 묵티카(Muktika) 또는 '108 우파니샤드의 정경'에서 7번째이다. 이 경전은 정리가 잘 안된 '흑' 야쥬르베다에 속하며, 타이티리야 아란야카(Taittirīya Āraṇyaka)의 7장, 8장, 9장으로 각각 시크샤발리(Śikṣāvallī,) 아란다발리(Ānandavallī), 비구발리(Bhṛguvallī)로 불린다. 힌두교의 인간관, 우주관에 대한 깊은 통찰을 제공하는 경전이다.

• 탈무드(Talmud)

유대교의 주류 종파인 랍비 유대교의 중요한 경전으로서 유대 종교법인 할라카((Halakha)와 함께 유대 철학의 핵심 근간을 이룬다. 랍비의 교시를 중심으로 한 현대 유대교의 주요 교파 다수의 기본 경전으로 기독교인들의 성서와 마찬가지로 종교적 유대인의 생활과 신앙의 기반이다. 유대교의 법과 관습을 설명하면서 논란이 있으면 관련 사례와 토론, 논쟁을 같이 제시함으로써 학습자가 비판적 사고로 논쟁을 통해 배우게 함으로써 탈무드는 유대인 교육의 중요한 기반을 제공한다.

• 팔리어 경전(Pali Canon)

팔리어로 쓰인 상좌부 불교의 전통 불교 경전으로 팔리 삼장(三藏, Tipitaka)이라고도 부른다. 고타마 붓다는 상류계층의 언어인 산스크리트어(범어)가 아니라 평민 계층의 언어인 팔리어로 설법하였다. 그의 사후 가장 먼저 결집한 경전이 바로 이 팔리어 경전이다.

• 헤르메스(Hermes)

그리스 신화에 나오는 여행자·목동·체육·웅변·도량형·발명·상업·도둑과 거짓말쟁이의 교활함을 주관하는 남신이며, 주로 신의 뜻을 인간에게 전하는 전령 역할을 한다. 올림포스 12신 가운데 두 번째 세대에 속한다. 행운을 발견하는 것을 헤르마이온(hermaion), 국경에서 이방인의 언어를 통역하는 사람을 헤르메네우스(hermeneus)로 불렀다. 숨은 의미를 해석하는 학문인 '해석학(hermeneutics)'은 헤르메스에서 유래했다.

• 황금률서(Book of Golden Precepts)

동양의 여러 불교 종파와 현인들의 가르침을 엮은 책으로 불경은 아니지만 동양의 구도자들 사이에서는 몸과 마음을 닦는 지침으로 사용되고 있다. 이 책의 경구들은 개인이 자기 생각과 느낌을 지켜보면서 자기가 누구이고 우주의 실상은 무엇인지를 깨닫고, 영적 성장을 통해 지혜로운 삶을 살 수 있도록 이끄는 내용이다.

•42장경 (四十二章經, Sutra in Forty-two Articles]

42장경은 서기 67년 한나라 때 불교가 들어오자, 황제의 명에 따라 불교의 근본 교리를 집약하여 만들었다고 전해진다. 따라서 이 경은 동방 한문 문화권에만 존재한다. 불교의 방대한 경전을 황제가 쉽게 이해할 수 있도록 집약된 이 경전은 붓다의 가르침을 단순 명확하게 잘 정리했다. 이 경은 다른 대부분의 경전과 같이 '나는 들었다'로 시작되는 것이 아니라, 논어와 같은 형태 '붓다께서 말씀하셨다'로 시작한다.

• 공자(孔子, Confucius, 기원전 551~479)

고대 중국 춘추시대 노나라의 정치인, 사상가, 교육자, 시인이다. 유교의 이상적인 인간상으로 군자(君子)를 내세우고 유교 사상의 핵심은 인(仁)이라 했다. 그의 사상을 제자들과 문답으로 나눈 것을 엮은 책이 《논어(論語)》이고 노나라의 연대기적 역사를 편찬한 책이 《춘추(春秋)》이다.

• 노자(老子, Lao Tse, 기원전 571~471 추정)

실존 인물이 누구인지 역사적으로 논쟁이 많지만 공자와 동시대인 춘추전국 시대 초나라의 철학자로 알려진 이이(李耳)로 보는 사람이 많다. 유교와 더불어 동양의 2대 사상인 도교의 창시자로 보고 있으며 그의 사상을 담은 책이 노자(老子)의 《도덕경(道德經)》이다. 81장의 간결한 경구로 이루어진 《도덕경》에 담긴 그의 핵심 사상은 우주의 근본을 도(道)라 하고 사람은 자연을 닮아 함이 없는 함을 하는 무위(無爲)의 삶을 살아야 한다는 데 있다.

• 노발리스(Novalis, 1772~1801)

독일의 시인이자 철학자. '노발리스'는 필명이며 그의 본명은 게오르크 프리드리히 폰 하르덴베르크 남작(독일어: Georg Friedrich Freiherr von Hardenberg)이다. 영적 신비주의 관점에서 자연을 찬양한 〈밤의 찬가〉, 〈종교적 노래들〉 등 그의 작품들은 초기 낭만주의의 대표적 작품으로 평가된다.

• 니체(Nietzsche, Friedrich Wilhelm, 1844~1900)

독일의 철학자, 문화 비평가, 시인, 문헌학자. "신은 죽었다"는 선언으로 'Übermensch(초인)'을 요청함으로써 전통적 도덕을 뛰어넘어 스스로의 가치와 삶을 의미를 찾도록 촉구한 철학자이다.

• 라마크리슈나(Ramakrishna, 1836~1886)

인도의 영성 수행가이자 현자로 영성과 종교 운동 단체인 라마크리슈나 교단(Ramakrishna Order)의 설립자이다. 다양한 영적 수행과 종교 체험을 통해 종교마다 말은 달라도 '신은 하나다'라는 깨달음을 얻고 이 메시지를 전파했다.

• 루미(Rumi, Jalaluddin, 1207~1273)

페르시아의 시인이자 수피 신비주의 수행자이다. 아프가니스탄 지역에서 태어나 터키 코냐 지역에 정착해 살았다. 영적 스승 샴스 타브리지를 만나 영적 체험을 하고 그 경험을 바탕으로 아름다운 시와 글을 남겼다. 루미의 시는 전 세계적 언어로 번역되어 시를 사랑하고 영적 체험을 꿈꾸는 사람들의 사랑을 받고 있다.

• 루터(Luther, Martin, 1483~1546)

독일의 종교 개혁가, 수사, 철학자, 독일어 성서 번역자이다. 뇌우를 맞고 하느님의 목소리를 들으면서 개인은 성직자의 중재가 아니라 직접 하느님과 소통할 수 있다는 믿음을 가졌다고 한다. 면죄부를 파는 가톨릭 교단을 비판하는 '95조 반박문'을 발표해 교단에서 파문을 당한 후 성서를 독일어로 번역해 근대 기독교 개혁의 선구자 역할을 했다.

• 마르쿠스 아우렐리우스(Marcus Aurelius, 121~180)

로마 제국의 제16대 황제(서기 161~180)이자 스토아학파 철학자이다. 그는 오현제라고 알려진 통치자들 중 마지막 인물이자 팍스 로마나(기원전 27~서기 180)의 마지막 황제였다. 전선에서 그리스어로 적은 마음 다스리는 개인 비망록이 사후에 《명상록》으로 전해지면서 그의 금욕적인 스토아철학이 후세에 지대한 영향을 끼치고 있다.

• 맹자(孟子, Mencius, 기원전 372~289 추정)

중국 전국시대 주나라의 유학자로 공자의 사상을 발전시켜 유학의 중흥조로 후대에 추앙받고 있다. 인간 본성에 대한 깊은 성찰 끝에 사람의 천성은 착하다고 주장하고 남을 불쌍히 여기는 마음이 있다는 측은지심(惻隱之心), 부끄러움을 안다는 수오지심(羞惡之心), 양보할 줄 안다는 사양지심(辭讓之心), 옳고 그름을 안다는 시비지심(是非之心)의 사단론을 내세웠다. 이를 정치 철학으로 발전시켜 유교의 민본주의 근본으로 삼았다.

• 무함마드(Mohammed, 570~632)

아랍의 정치·사회·종교 지도자로 이슬람의 최후의 예언자이자 이슬람교의 창시자이다. 현재 사우디아라비아인 메카(Mecca)에서 태어나 나이 40세부터 천사 가브리엘을 통해 알라(신)의 계시를 받아서 기록해놓은 것이 쿠란(Qur'an)인데 이슬람교의 경전이다. 알라 유일신의 메시지를 설교하면서 탄압을 받다가 따르는 무리들과 함께 622년 메카를 떠나 헤자즈 지방의 메디나로 갔는데, 이것을 신도들은 '헤지라(성천)'라 하며 그해를 이슬람의 기원으로 삼았다.

• 바하올라(Bahaullah, 1817~1892)

미르자 알리 호세인(Mírzá `Alí Hossein)이 아랍어로 '하느님의 영광'이라는 뜻으로 사용한 직함이다. 바하이 신앙(Bahá'í Faith)의 창시자로서 자기 자신이 신문명 시대의 인류를 위한 하느님의 사자라고 주장했다. 바하이 신앙은 신·종교·인류의 단일성을 강조하고 있어 바하이 신도들은 바하올라를 인종차별과 국수주의의 근절을 통한 전 세계의 정신적인 통합이라는 비전을 가져온 첫 번째 메시아로 본다. 그의 가르침에 기초해서 국제 협력과 평화 구축, 인권 신장 운동을 목표로 한 국제기구가 생겨났다.

• 비베카난다(Vivekananda, 1863~1902)

인도의 철학자, 요기, 라마크리슈나의 제자로 베단타 철학과 요가를 서구 사회에 전파하는 데 앞장선 인물이다. 스승의 뜻을 받들어 라마크리슈나 선교단(Ramakrishna Mission)을 설립해 인도주의 활동과 교육, 영적 각성을 도왔다. 1893년 시카고에서 개최된 세계 종교 회의에 참여해 힌두교를 서구 사회에 소개하면서 종교 간의 화합과 대화를 촉구했다. 그의 활동으로 서구 사회에서 영성 수련과 요가 수련에 대한 관심이 높아졌다.

• 볼테르(Voltaire, François-Marie Arouet de, 1694~1778)

프랑스의 대표적인 계몽주의 작가, 철학자, 시인, 극작가, 비평가, 역사가이다. 이성과 과학, 개인의 권리를 강조하는 계몽주의 철학자로서 다양한 저작 활동을 통해 가톨릭교회의 교조주의를 비판했다. 종교와는 분리된 민주적 정부 구성, 시민의 자유, 언론 자유를 옹호한 현대 민주주의의 선구자였다.

• 사디(Saadi, 1210~1291)

중세 페르시아의 시인이자 산문 작가. 사디는 사디 시라지(Saadi Shīrāzī)의 필명이다. 2대 걸작 《장미원》과 《과수원》은 삶의 교훈을 주면서도 높은 문학적 성취를 이루어 아랍권을 넘어서 유럽의 문호들에게도 많은 영감을 준 작품이다. 《장미원》은 시와 산문이 결합된 흥미진진한 이야기로 사랑, 정의, 지혜, 인간의 본성을 노래하면서 도덕적 교훈도 준다. 《과수원》은 교훈적 시 모음집으로 겸손, 정의, 동점심과 같은 미덕을 강조하는 실천 도덕 안내서로 구성되었다.

• 샹카라(Shankara, Adi, 788~820 추정)

인도의 철학자이자 신학자. 힌두교 불이원론(Advaita Vedanta) 학파 형성에 지대한 역할을 했다. 개인적 자아인 아트만과 궁극적 실재인 브라만이 둘이 아니라 하나이므로 물질적 세계가 무명(無明, Maya)임을 깨치는 것이 해탈(解脫, moksha)에 이르는 길임을 강조한다. 그의 가르침을 펼치고 지켜나갈 사원을 세우기 위해 샹카라는 인도 전역을 돌며 다른 학파와 논쟁을 벌였다. 힌두교 철학과 의식에 대한 글뿐만 아니라 시와 찬송가도 많이 남겼다.

• 세네카(Seneca, 기원전 4~서기 65 추정)

로마 제국 시대의 정치인, 사상가, 문학가이다. 로마 제국의 황제인 네로의 스승으로도 유명하다. 스토아철학자로서 이성, 선행, 자기 통제의 중요성을 강조했으며 자기감정을 이해하고 내면의 평화를 유지하고 자연을 거스르지 않고 살도록 노력해야 한다고 가르쳤다. 스토아철학에 관한 통찰을 보여주는 글과 비극 작품을 많이 남겼다.

• 소로(Thoreau, Henry David, 1817~1862)

미국의 초월주의 철학자, 시인, 수필가이다. 월든 호숫가에서 소박하고 생태적인 삶을 그린《월든》, 부당한 법과 정부 행위에 불복종할 수 있다는 시민의 권리를 주장한《시민의 불복종》과 같은 에세이를 통해 제시한 소박하고 자족적인 삶, 생태주의 삶, 비폭력 방식의 사회적 운동 방향은 후세에 큰 영향을 끼쳤다.

•소크라테스(Socrates, 기원전 470~399 추정)

고대 그리스의 철학자. 소크라테스가 살던 그리스는 소피스트들의 궤변으로 젊은이들의 도덕성이 무너지는 시대였다. 참나(眞我)에 해당하는 다이몬의 소리를 들을 줄 알고 '나는 모른다는 것을 안다'는 소크라테스는 젊은이들에게 무엇이 옳은지 가르치는 것이 아니라 산파술로 알려진 소크라테스식 대화법을 통해 스스로 무지를 깨닫고 진리를 발견하게 했다. 이로 인해 오히려 아테네 젊은이들을 타락시켰다는 죄명으로 사형에 처해지게 되지만 그의 생각과 교육 방식은 플라톤과 같은 제자들을 통해 전승됨으로써 그는 서양 철학의 첫머리에 이름을 남기게 된다.

•쇼펜하우어(Schopenhaur, Arthur, 1788~1860)

독일의 철학자. 인생은 근본적으로 고통이고 인간의 욕망은 좌절될 수밖에 없으므로 물질과 일시적 즐거움으로 영원한 행복을 추구하는 것은 어리석다는 염세적 철학을 내세웠다. 욕망의 구속에서 벗어나 세상과 일체감을 잠시라도 경험할 수 있는 방법은 특히 음악과 같은 예술적 표현을 통해서 가능하다고 보았다. 칸트와 헤겔의 관념 철학을 비판적으로 계승하고 동양 철학과 힌두교의 영향으로 세상은 생명력에 가까운 의지의 표상이라는 형이상학 체계를 정리한《의지와 표상으로서의 세계》를 비롯한 그의 철학은 니체, 톨스토이, 프로이드 등 수많은 철학자, 작가, 심리학자에게 영향을 끼쳤다.

• 스피노자(Spinoza, Baruch, 1632~1677)

네덜란드 근대 합리주의 철학자. 포르투갈계 유대인 가계 출신으로 네덜란드 암스테르담에서 태어났다. 우주의 본질을 실체 또는 자연이라고 규정하여 신의 실체와 자연이 하나라고 하는 범신론적 철학을 주장함으로써 유대교 커뮤니티와 결별하고 렌즈 깎는 세공사로 생계를 유지하면서 평생 철학을 연구했다. 모든 것은 자연의 법칙을 따라야 한다는 결정론적 우주론을 믿었는데 사람은 이 우주와 자신의 본성을 이해함으로써 마음의 평화와 행복을 얻을 수 있다고 믿었다.

• 아슈바고사(Ashwaghosha, 80~150 추정)

인도의 철학자, 시인, 극작가. 정확한 생몰년은 알려져 있지 않지만, 보통 80~150년경에 살았으며, 붓다 사후 600년경에 태어났다고 전해진다. 브라만교 출신으로 불교에 귀의하여 보살의 칭호를 얻었는데 말처럼 목소리가 크다고 해서 마명보살(馬鳴菩薩)로 불린다. 석가모니 부처의 생애를 그린 서사시 《붓다차리타(Buddhacharita)》(佛所行

讚)와 붓다의 이복동생인 난다가 붓다의 지도를 받아서 깨달음을 얻기까지의 힘든 과정을 그린 서사시 《손타라난타시(Saundarananda)》(孫陀羅難陀詩)를 썼다.

• 아우구스티누스(Augustine, Saint, 354~430)

4세기 북아프리카인 알제리 및 이탈리아에서 활동한 기독교 보편교회 시기의 신학자이자 성직자. 히포의 아우구스티누스(Saint Augustine of Hippo)로 불리며 서구 기독교에서 교부(敎父)로 존경받는 인물이다. 마니교에서 기독교로 개종한 아우구스티누스는 자신의 내밀한 개종 과정과 원죄의식, 하나님에 대한 사랑을 고백한 자서전 《고백론》을 썼다.

• 안겔루스 질레지우스(Angelus Silesius, 1624~1677)

독일의 시인. 신비주의로 개종하고 신과 영혼, 신성 체험이 무엇인지에 대해서 깊이 성찰하면서 짧은 경구 형식의 연작시로 그려서 발표한 작품이 《방랑하는 천사(The Cherubic Wanderer)》이다. 영적 체험을 단순 명료하지만 깊이 있게 문학적으로 표현해 인간의 영성에 대한 이해를 돕는 데 크게 기여했다.

•앙투안 영적 치료사(Antoine the Healer, 1846~1912)

벨기에 출신의 심령술사. 기독교 신비주의 치유 단체인 '앙투안 신앙(Antonism)'의 창시자이다. 그는 가톨릭을 믿는 집안에서 태어나 광부, 제철소 노동자, 채소 행상 등을 하면서 살았다. 신앙심이 깊던 앙투안은 심령술에 입문했다가 아들의 죽음을 계기로 심령술 모임에서 아들이 환생하였다는 믿음을 갖게 되면서 《심령술사 교리문답 소고(Little Spiritist Catechism)》를 발간하고 이 책의 인기를 바탕으로 심령치료, 환생, 채식, 윤리적인 삶을 모토로 하는 심령치료 단체를 이끌게 된다.

•에머슨(Emerson, Ralph Waldo, 1803~1882)

미국의 수필작가, 강연자, 철학자, 시인. 목사였으나 1936년 〈자연〉이란 에세이를 발표하면서 비슷한 철학을 지닌 지성인들과 '초월주의' 동인지를 발간하게 되면서 미국의 초월주의 운동을 주도하게 된다. 1937년 《미국식 학자(The American Scholar)》를 발표하면서 미국의 문학 독립을 선언하고 유럽과 다른 미국식 글쓰기 스타일을 만들자고 촉구해 '미국의 지적 독립'을 선언했다. 그는 유럽 여행에서 자연주의 철학을 배웠고 인도 베단타 철학에서 초월의식을 알게 되면서 그만의 철학으로 미국 정신사에서 독보적 영향을 끼쳤다.

• 에크하르트(Eckhart, Meister, 1260~1328)

중세 말기의 독일 수사, 신학자, 철학자, 신비 사상가. 도미니크수도
회(Dominican Order) 소속 수사로 평생 공부와 수행을 통해 얻은 영성
신비 체험을 독일 언어로 알기 쉽게 설교했다. 신성이 개인 영혼에
내려와 있으므로 그 관계를 깨달으면 영적 체험을 할 수 있다고 가르
쳤다. 세속적 욕망을 끊고 겸손하게 자기를 내려놓으면 내면이 신성
으로 가득 차게 된다고 했다. 이런 설교 때문에 이단으로 재판받다가
파문당하기 전에 사망했다. 그의 철학은 기독교 신비주의와 근대 철
학에 큰 영향을 끼쳤다.

• 에픽테토스(Epictetus, 55~135 추정)

고대 그리스 스토아학파의 대표적인 철학자. 로마 동쪽의 히에라폴
리스에서 불구의 몸으로 태어나 노예로 살았지만 철학을 공부하고
나중에 해방되어 자유인이 되었다. 자유인으로 처음에 로마에서 나
중에 니코폴리스에 철학 학교를 세우고 철학을 가르쳤다. 자신이 통
제할 수 있는 자기 생각과 행동을 잘 다스려 내면의 평화를 유지하는
법과 같은 실용적인 스토아철학을 가르쳤다. 저서는 없지만 제자 아
리아노스가 정리한 그의 가르침이 후대로 잘 전해져 세네카, 마르쿠
스 아우렐리우스와 더불어 3대 스토아철학자로 꼽히고 있다.

• 이븐 아리비 (Ibn Arabi, Muhyiddin, 1165~1240)

이슬람의 시인이자 철학자. 수피즘에서 가장 영향력 있는 신비주의자이자 성인으로 추앙받는다. 스페인 무르시아 태생으로 10대 때부터 영성 체험을 하고 북유럽과 중동을 여행하며 수피 마스터를 찾아다니며 수행을 한 끝에 신은 궁극적 실재이며 모든 존재의 신성을 드러낸 것이라는 '존재의 통합(Wahdat al-Wujud)' 개념을 주창했다. 천사로부터 계시 받은 내용을 저술해 신비주의의 백과사전으로 일컬어지는《메카 계시》, 예언자 무함마드로부터의 계시를 저술한《예지의 보석》을 포함한 그의 저작은 수많은 수피 수행자와 연구자들에게 큰 영향을 끼치고 있다.

• 장자 (莊子, Zhuangzi, 기원전 369~286 추정)

본명은 장주(莊周)이고, 자는 자휴(子休)이다. 전국시대 송(宋)나라 몽(蒙)출신으로, 제자백가 중 도가(道家)의 대표적인 인물. 맹자와 동시대에 살았다고 전해진다. 노자와 장자를 묶어 흔히 노장사상이라고 부른다. 하지만 이 둘 사이에는 차이가 있는데, 노자가 혼란한 세상을 구하기 위해 무위자연에 머물 것을 가르쳤던 반면, 장자는 속세를 초탈하여 유유자적하고자 했다.

• 조르다노 브루노(Giordano Bruno, 1548~1600)

이탈리아의 도미니크수도회 수사, 철학자, 수학자, 시인, 우주론자 그리고 헤르메스주의 신비주의자(연금술사)이다. "우주는 무한하게 퍼져 있고 태양은 그중에 하나의 항성에 불과하며 밤하늘에 떠오르는 별들도 모두 태양과 같은 종류의 항성이다"라는 무한 우주론을 주장했다. 죽음 앞에서도 스스로가 가진 우주론적 신념을 지키고 기존 기독교에 대해 비판하다가 화형을 당한 지식의 순교자로 평가받고 있다. 근대 합리론 개념의 씨앗을 제공한 인물 중 하나로 인정받는다.

• 증자(曾子, Zengzi, 기원전 505~435)

중국 전국 시대의 유가(儒家) 사상가이다. 이름은 삼(參), 자는 자여(子興)이며, 증자는 존칭이다. 남무성(南武城, 지금의 산둥성) 출신이며 공자의 만년의 제자로서 공자보다 46세 연하이다. 공자 사후 유가의 유력한 일파를 형성하여 공자사상의 유심주의적 측면을 발전시켰다. 그의 언행은 《논어》에 몇 조목이 보이며, 또 《대대례기(大戴禮記)》의 증자 10편 및 《효경》은 그의 저작이라고 인정된다.

• 칼라일 (Carlyle, Thomas, 1795~1881)

영국 스코틀랜드의 평론가이자 역사가이다. 이상주의적인 사회 개혁을 제창하여 19세기 사상계에 큰 영향을 끼쳤다. 저서로는 자전적 소설로 당시 영국 사회의 산업 만능 사상에 대한 낭만적인 구제책을 제시한 《의상철학》, 혁명은 지배자들의 악정에 대한 천벌이며 영웅적인 지도자가 필요하다고 주장한 《프랑스 혁명사》, 성실하고 용기 있는 영웅적 지도자의 필요성을 제시한 《영웅 숭배론》 등이 있다.

• 타울러 (Tauler, Johannes, 1300~1361)

독일의 신비주의자, 가톨릭 설교자, 신학자. 마이스터 에크하르트 (Meister Eckhart)의 제자였던 타울러는 도미니크수도회 소속으로, 명상을 통해 개인이 신과 직접적이고 개인적으로 연결되는 체험을 하도록 장려했다. 신을 만나는 영성 체험을 하려면 자기를 내려놓고 내면을 살피고 세속적 욕망을 버리는 것이 중요하다고 설교했다.

• 토마스 아 켐피스 (Thomas à Kempis, 1380~1471)

독일의 가톨릭 수사이자 신비사상가이다. 92년 일생을 거의 네덜란드 아그네텐베르크 수도원에서 보냈다. 이 수도원에는 네덜란드의 신비사상가 헤르트 호르테의 주도로 창설한 '공동생활의 형제회

(Brethren of the Common Life)'가 활동하고 있었다. 그도 이 회에 소속되여 모범적인 경건한 생활을 보냈다.《그리스도를 본받아》라는 책을 썼는데 그리스도의 삶을 본받으려면 겸손하고 세속적 욕망을 버리고 신과 개인적 관계를 추구해야 한다는 점을 강조했다.

• 톨스토이 (Tolstoy, Leo, 1828~1910)

러시아를 대표하는 문호이자 사상가다. 톨스토이는 귀족이었으나 왜곡된 사상과 이질적 현실에 회의를 느껴 실천하는 지식인의 삶을 추구했다. 인생을 깊이 성찰하며 러시아 문학과 정치, 종교관에 엄청난 영향을 미쳤고, 인간 내면과 삶의 참 진리를 담은 걸작을 많이 남겨 지금도 세계적인 대문호로 존경받고 있다. 인산과 진리를 사랑했던 대문호 톨스토이는 세계 문학의 역사를 바꾼 걸작들을 남긴 소설가이자 인도 마하트마 간디의 비폭력 사상에도 영향을 준 '무소유, 무저항'을 몸소 실천한 사상가였다.

• 티모테오 (Timothy, 17~97)

가톨릭에서는 티모테오나 디모테오, 성공회에서는 디모테오, 개신교에서는 디모데라고 한다. 축일은 1월 26일. 디모테오는 오늘날 튀르키에 중부 지역인 리카오니아의 도시 리스트라 태생이다. 사도 성

바울로가 리스트라에서 설교할 때 그의 제자가 되었으며, 그 후 성바울로의 친구이자 오른팔 역할을 하였다(사도 16:1-4). 그는 에페소로 가서 그곳의 초대 주교로 봉직하였다. 그는 디아나를 공경하는 카타고리아의 이교 축제를 공식적으로 반대하다가 돌에 맞아 순교하였다. 사도 바울로가 성 디모테오에게 보낸 두 통의 편지인 디모테오전서, 디모테오후서는 65년경 마케도니아에서 썼다고 전해진다.

• 파리드우딘 아타르(Fariduddin Attar, 1145~1221 추정)

페르시아의 시인, 수피 신비주의 수행자, 무슬림 신학자. 현재 이란의 니샤푸르(Nishapur)에서 태어났다. 각종 새들이 왕을 찾아가는 이야기를 쓴 우화 시집으로 구도 과정에서 느끼는 내적 갈등과 성장을 그린《새의 고백》과 수피 성자들의 이야기를 정리한 산문집《신비주의 성서 열전》을 비롯한 글을 많이 남긴 것으로 전해지지만 실제 저자가 누구인지는 확실하지 않다.

• 파스칼(Pascal, Blaise, 1623~1662)

프랑스의 수학자, 물리학자, 발명가, 철학자, 작가. 인간 존재에 대한 깊이 있는 사유와 신앙에 대한 진지한 고민을 거쳐 1654년 11월 23일 성령 체험을 하고 죽을 때까지 떠오르는 단상을 메모한다. 핵심 메시지는 간단하다. 하나님 없는 인간은 매우 비참하며 하나님과 함께할 때 비로소 모든 불행과 모순에서 벗어날 수 있다는 것이다. 이를 모아서 사후에 출간한 것이 《팡세》이다.

• 파켄피우(Fakenpiu, 1149~1209)

이슬람의 철학자이자 신학자. 현재 이란의 레이 지역에서 태어났다. 학자들이 철학, 과학, 신학에 획기적인 발전을 이루던 이슬람의 황금 시대에 살았다. 신, 창조와 윤리학의 복잡한 논쟁을 정리해 이성과 신앙에 대한 담론 발전에 기여했다. 코란에 대한 주해서를 비롯한 여러 가지 책을 저술했다. 신앙에도 이성적 판단을 해야 하며 신과 존재의 본성을 이해하는 것이 영적 성장에 중요하다는 입장을 취했다.

• 파탄잘리(Patanjali, 기원전 3세기 또는 기원후 4세기 설)

고대 인도의 철학자로 요가의 전통과 심리 철학을 정리하고 체계화하였다. 생존 시기에 대한 설이 다양하다. 그는 《파탄잘리 요가 수트라》를 통해 요가 실천과 심리 철학에 대한 기본 원리와 가이드라인을 제시했다. 인간 영혼의 발전과 자아실현을 중시하며 명상과 실천적인 요가의 방법을 강조함으로써 요가에 대한 핵심 텍스트로 여겨지고 있으며, 현대 요가를 이해하는 데 큰 영향을 미치고 있다. 《마하바스야》는 산스크리트어 문법학자인 파니니(Panini)의 저작인《아쉬타드야이이(Ashtadhyayi)》에 대한 주해서이다. 하지만《마하바스야》가 파탄잘리의 저술인지에 대해서는 논란이 있다.

• 프랭클린(Franklin, Benjamin, 1706~1790)

미국 건국의 아버지의 일원, 계몽 철학자, 과학발명가, 작가. 평생을 통하여 자유를 사랑하고 과학을 존중하였으며 공리주의(功利主義)에 투철한 그를 일컬어 사람들은 '가장 지혜로운 미국인'이라고 부르고 있다. 뛰어난 기지와 경구가 넘치는《가난한 리처드의 달력》과 사후에 출판된《자서전》은 18세기 영미문학의 대표적인 산문으로 손꼽힌다. 철학자 데이비드 흄은 그를 가리켜 '신대륙에 있어서 자장 위대한 철학자이자 문필가'라고 하였다.

• 헉슬리(Huxley, Aldous, 1894~1963)

영국 태생의 문학가, 비평가, 사상가. 1945년《영원의 철학》을 통해 그때까지 서구 지성사에 전해오던 '영원의 철학'이라는 개념을 핵심적으로 통합하여 종교와 영성에 대한 이해를 혁명적으로 바꿔놓았다.《멋진 신세계》의 저자이자 말년에 환각제를 통한 의식의 다양한 탐구로도 유명하며, 과학문명에 대한 날카로운 비판과 미래세계에 대한 디스토피아적 통찰, 다방면에 걸친 백과사전적 지식으로 당대의 천재로 인정받았다. 다양한 에세이, 시, 평론을 통해 20세기 작가 중 가장 넓고 독창적인 지적 스펙트럼을 선보였다.

• 헤라클리투스(Heraclitus, 기원전 535~475 추정)

고대 그리스의 철학자. 만물의 근원을 불이라고 주장했다. 그가 말하는 불은 '불 그 자체'를 말하는 것이기도 하면서도, '변화'를 의미하는 것이기도 하다. 모든 것은 이러한 변화 속에 있으며, 이 변화는 대립자 간의 상호작용이라는 것. 이는 곧 '투쟁'을 상징한다. 그러나 이러한 변화는 변하지 않는 하나의 법칙인 로고스에 따라 조화를 이루고 있는 것이라고 헤라클리투스는 주장했다.

마음에 쓰다
지혜의 말 필사책

초판 1쇄 발행 2024년 12월 25일

엮은이	스리 오로빈도
옮긴이	루미
편집	배소라
디자인	이미경
종이	페이퍼프라이스
인쇄	예인미술

펴낸이	이병열
펴낸곳	스토리두잉
출판등록	제2020-000001호
주소	경기도 고양시 덕양구 백양로 85 동양트레벨II 206호-B292
대표전화	070-7822-3833
전자우편	storydoingk@gmail.com
페이스북	storydoing.books
인스타그램	storydoing.books

ISBN 979-11-986478-3-2 (03190)

스토리두잉 삶이 스토리가 되고 스토리가 삶이 되는 콘텐츠 실행자